发展社会学视域中的 乡村振兴

闫纪建 等 著

郑州大学出版社

图书在版编目(CIP)数据

发展社会学视域中的乡村振兴 / 闫纪建等著. — 郑州：郑州大学出版社，2021. 12(2023.8 重印)

ISBN 978-7-5645-8425-2

Ⅰ. ①发…　Ⅱ. ①闫…　Ⅲ. ①农村 - 社会主义建设 - 研究 - 中国　Ⅳ. ①F320.3

中国版本图书馆 CIP 数据核字(2021)第 256808 号

发展社会学视域中的乡村振兴

FAZHAN SHEHUIXUE SHIYU ZHONG DE XIANGCUN ZHENXING

策划编辑	胥丽光	封面设计	张伟妍
责任编辑	樊建伟	版式设计	苏永生
责任校对	陈　思	责任监制	李瑞卿

出版发行	郑州大学出版社	地　址	郑州市大学路 40 号(450052)
出 版 人	孙保营	网　址	http://www.zzup.cn
经　销	全国新华书店	发行电话	0371-66966070
印　刷	广东虎彩云印刷有限公司		
开　本	710 mm×1 010 mm　1 / 16		
印　张	13	字　数	194 千字
版　次	2021 年 12 月第 1 版	印　次	2023 年 8 月第 3 次印刷

| 书　号 | ISBN 978-7-5645-8425-2 | 定　价 | 49.00 元 |

闫纪建,男,1963年1月生,河南信阳人,历史学学士,教授,硕士生导师,现任许昌学院党委书记。主要研究方向为文化传承创新和基层治理、高校党建与思想政治教育等。近年来,主持完成教育部人文社科项目、河南省规划办项目等多项。在《光明日报》《当代世界与社会主义》等刊物发表论文30多篇,出版《多维解读中国梦》《社会主义和谐文化论纲》等著作多部,其中2项成果获得河南省社会科学优秀成果奖。

　　乡村振兴是党的十九大确立的推进农业农村现代化、建设中国特色社会主义现代化强国的重大发展战略。本书从发展社会学视角审视乡村振兴战略,并阐述了党在发展目标、发展理念、发展主体、发展动力和发展保障等层面所进行的一系列重大理论创新和实践创新,从而一方面为乡村振兴提供符合中国经验的理论指导,另一方面为发展社会学自身提供理论创新的现实经验支点。

　　2017 年，乡村振兴战略作为党的十九大报告中的七大发展战略之一，被写入党章。2018 年中央一号文件明确了实施乡村振兴战略的具体意见。2021 年中央一号文件做出了全面推进乡村振兴加快农业农村现代化建设的战略部署。至此，乡村发展问题已经从传统的"三农"问题转变成为农业农村现代化的发展性问题。

　　传统的"三农"问题本质上是乡村秩序的稳定问题。20 世纪 80 年代后，随着农村家庭联产承包责任制在全国范围的推广，在人民公社体制解体的同时，农村经济得到了极大发展，农民生活水平显著提高。但是温饱问题的解决，并不意味着乡村小农经营所带来的诸多经济、政治和文化问题从根本上得到了解决。到了 20 世纪 90 年代，在经济上小农经营绩效逐渐下降甚至停滞，村治也陷入混乱，许多地方乱收费盛行，公共服务供给不足的问题日益突出。正是在这样的背景下，"三农"研究成为显学。当然，"三农"研究大多是对症下药的战术性研究，而较少基于乡村长期发展的战略性研究。学者们大多从本学科的话语体系出发，自说自话，并不考虑对策建议总体合理性问题。

　　乡村振兴则不同，它的本质是乡村社会的现代化进程。乡村振兴战略实施的背景是，中国社会主要矛盾发生重大改变，全面建成小康社会的目标业已实现,中国特色社会主义现代化建设进入全面发展轨道。也就是说,乡村振兴不是为了乡村秩序的稳定,而是为了激发乡村社会的活力,推动农业农村现代化,使得乡村社会成为美好生活家园。因此,对于乡村振兴的研究,不能沿袭传统的"三农"研究思路,而应以新发展理念为指导,采用新的学科理论与研究方法对其展开深入探讨。正是在此背景下,本书以发展社会学为视角,深入考察乡村振兴的理论与实践问题。

发展社会学是20世纪50年代兴起于欧美发达国家,后逐渐扩展到发展中国家的社会学分支。它的主题是研究传统农业社会向现代工业社会的转型问题。早期的发展社会学主要在西方中心主义与反西方中心主义之间摇摆,或者偏好于总结西方现代化经验,试图将其移植到发展中国家,或者偏好于批判西方,将发展中国家不发达的原因归结于西方国家的霸权与剥夺。20世纪90年代后,发展社会学的视野逐渐开阔,不再简单地从意识形态化立场出发,探讨西方与非西方国家的现代化关系,而是针对社会发展本身展开全面探讨。社会的经济、政治、文化、生态等方面都被纳入发展视野中,从而更为深层地揭示出社会发展的内在机理。

乡村社会本身并非一个市场性存在。因此,乡村社会的现代化转型,是一个经济、政治、社会、文化等结构性的全面变革的历史进程。基于此,对于乡村社会现代化转型的研究,从发展社会学的角度出发自然更为恰当,也更利于研究者有效把握乡村社会现代化的特质。

从发展社会学视角出发研究中国的乡村振兴,不仅有利于为乡村振兴提供符合中国经验的理论指导,当然也有益于为发展社会学自身提供理论创新的学术支点。对于本书著者来说,尝试以新的理论视角关照中国农业农村现代化这一历史性课题,也是时代赋予的学术使命。

作为河南省社科规划后期资助项目(2018HQ022)的成果,本书由项目组成员合作完成。项目负责人闫纪建教授负责提纲拟定、第一章的写作和全书统稿工作,蔡清伟博士负责第二章和第五章的写作工作,徐冠军博士负责第三章和第四章的写作工作,郭现军博士协助闫纪建教授完成提纲拟定和全书统稿工作。

本书的写作和出版得到了著者所在单位及上级有关部门的大力支持。河南省社会科学规划办公室以立项资助的方式为本书的出版提供了充足的经费保障,许昌学院科研处、学科建设办公室为项目研究工作提供了重要的政策和经费支持,郑州大学出版社的编辑老师们为书稿的编校及最终出版付出了大量辛勤劳动,在此一并致谢!

著　者

2021 年 11 月

目录

第一章　发展目标:以人民为中心

"以人民为中心"是一种发展思想,也是一种执政理念,是在新时代条件下对"为人民服务"这一理念的高度彰显,是我们党担当起该担当的责任的重要体现。我们必须始终把人民利益摆在至高无上的地位,从人民关心的事情做起,从让人民满意的事情做起,带领人民不断创造美好生活。

第一节　以人民为中心的内涵

自从文明产生以来,人就成为人类观念的价值中心,但是这并不意味着最大多数的人民成为价值的中心。长期以来,人民处于边缘性、工具性地位,属于社会中被教化、被引导的存在。到了近代,人民才开始逐渐进入价值的中心,获得了一定的主体性。马克思主义将其贯彻到底,确立了人民在历史中的主体地位,人民不仅是发展的主体,同时也是发展的价值所在。

一、以人民为中心发展思想的内涵

发展是人类的永恒主题。罗伯特·欧文说:"人类的一切努力的目的在于获得幸福。"获得幸福必须以社会发展为前提。但人是分阶级、阶层的,不同社会、不同国家、不同政党在发展"为了谁"的问题上有着不同的立场和观点。为了谁、由谁享有的问题,是发展所要解决的根本问题,也是区分真假马克思主义的试金石。马克思、恩格斯在《共产党宣言》中旗帜鲜明地指出:"过去的一切运动都是少数人的,或者为少数人谋利益的运动。无产阶级的运动是绝大多数人的,为绝大多数人谋利益的独立的运动。"①这就从根本上划出了与其他一切政党的立场界别,从而提出了人类历史上不同于以往的发展思想。作为以马克思主义为指导的政党,中国共产党始终坚持全心全意为人民服务的根本宗旨。一切为了人民、一切服务人民、一切依靠人民的根本使命,决定了在它所执掌政权的社会主义国家,发展的根本目的是为了人民。

坚持以人民为中心的发展思想,是中国共产党从马克思主义基本立场出发,基于对中国共产党治国理政经验的科学总结而做出的历史宣示。将人民置于发展的核心位置,这就在发展为了什么、依靠什么发展、发展成果由谁享有、发展政策如何制定等方面,完成了对发展问题的新诠释。

其一,发展的最终目的是为了人民。西方主流发展思想将发展等同于物质财富的积累,发展的目的主要体现为国内生产总值的增长、产业结构的升级、人均收入的提高等一系列可以用数字增减清晰予以计量的指标,对于具体的人特别是普通劳动者的生活感受则较少关注。从表面来看,这种以"客观物质"为依据的发展思想可以有效地避免人的主观任意性,能够做到客观科学,但是,在本质上,这样的发展思想是见物不见人,在避免人的主观偏好影响的旗号下,隐藏的是对于人民需求的漠视。其根本原因在于,在西方近代思想中,人本质上存在自私性,所有的奋斗和努力都是由于外部需求压迫的结果。因此,以人的生活需求,或者说以普通民众的生活感受作为发展的目的本身是在鼓励人的"懒惰"。但是,事实上,人之所以为人,在于人具有主体自觉性,这并不是说现实的具体的人不会偷奸耍滑,不会搭便车,但是,这些缺陷本身不能遮掩人自身具有积极性和主动性的本质。换言之,

---

① 马克思恩格斯选集.第 1 卷[M].北京:人民出版社,1995:283.

这一发展思想既没有立足于满足人的需求，也没有着眼于充分发挥人的积极性和主动性，虽然能在一定程度上促进经济增长，但这样的增长是不健康、不可持续的，经常会被经济危机所打断。中国坚持以人民为中心的发展思想，把人作为发展的目的和归宿，追求人的全面发展，本质上是对人性的尊重，是对于人的本质科学认识的结果。

其二，发展的根本动力来自人民。从当代主流经济学角度看，劳动、资本和技术是物质生产的三大要素，其中，由于人均产量只有通过资本积累和技术进步才能提高，而技术本身需要在资本的组织与安排下才能发挥其产能，因此，资本才是生活发展的根源。就资本本身而言，不断获取剩余价值才是其目的所在。换言之，在资本发展的背后是对于人的无视。中国坚持以人民为中心的发展思想是继承和发展了马克思主义唯物史观，认为发展的本质是人类通过劳动不断改造自然、创造世界的过程。物质资本和科学技术确实能够提高劳动效率，但它们都是人类劳动的创造物，不能与人并列。因此，从根本上看，发展源自人类的劳动。换言之，只有最广大劳动者才是发展的根本动力来源。

其三，发展的成果由人民共同享有。如前所述，既然资本是发展的根本动力，那么发展本身就体现为对于经济总量和效率的偏好。至于公平、正义则属于次要性的、福利性的存在，不能作为发展的内在指标。当然，作为一种人类社会发展理论，不可能在话语上表现出对于公平与正义的无视，而是采用看起来更"公平"、更"正义"的话语说辞来为效率辩护。这其中的代表是自由主义经济学。尤其是 20 世纪 80 年代后盛行一时的新自由主义，就主张经济自由化、私有化，反对政府对市场的干预。从逻辑上看，新自由主义没有什么公平和正义缺陷，它鼓励、捍卫人的自由，反对专制。但是，新自由主义所标榜的自由是资本的自由，由于市场自身存在的缺陷，表面看起来可以自由竞争的市场，事实存在各种壁垒，其中最大的壁垒正是资本。资本的多寡决定了在市场中的竞争力，并且最终决定了分享发展成果的多寡。而这种不公平并非一次结束，而是一个重复循环并且不断扩大的过程。从现实实践来看,凡是采用新自由主义政策的国家,都导致了收入差距的严重扩大,进而引发剧烈的社会矛盾。尤其是那些发展中国家,它们本身处于世界经济产业链的末端,缺乏利益剩余索取渠道,无法将国内的经济矛盾向外转移,这种经济不平等以及其他的不公平更容易积累和引发社会矛盾。因此,许多发展中国家,即使可以在早期获得高速发展,也很难持续下去,一个重要原因就在于其不能将发展成果由人民共享,从而导致了国内经济发展的扭曲与内卷。中国之所以能够在改革开放几十年间迅速崛起,成为世界第二大经济体,其根本原因就是中国坚持以人民为中心的发展思想,力争让每一个个体都能分享到发展的成果,并不断提高成果分享的公平性。虽然在改革开放的过程中也出现了贫富差距问题,但是总体上仍然保证了大多数人的幸福感的持续增强,从而确保了人民保持充分的积极性和主动性,为社会的可持续发展奠定了坚实的社会基础。

其四,发展的战略和政策始终围绕人民制定。发展战略和政策,体现和承载着一定的社会价值观,直接影响着不同群体乃至个人的切身利益。在西方资本主义社会,由于阶级之间利益冲突的不可调和与发展思想的莫衷一是,导致了国家发展政策的左右摇摆,进而导致国内社会矛盾重重。而这些矛盾的长期存在也影响到了国策的稳定性,进而往往导致走上不发展或者发展慢的歧路。中国坚持以人民为中心的发展思想,始终围绕最广大人民的根本利益,围绕最终实现全体人民的共同富裕,立足于不同发展阶段的条件和要求,制定实施科学的发展战略和政策。从短期来看,中国所制定的政策也许存在一定的不足,但是从长期来看,却有力地稳定了民心,顺应了民意,从而有效缓解了社会矛盾。实践证明,正是把实现好维护好发展好最广大人民的根本利益作为一切工作的出发点和落脚点,我们才能协调好社会利益关系,才能坚持发展方向不动摇,才能在发展中有效解决各种社会问题。

坚持以人民为中心的发展思想,是在坚守马克思主义立场观点方法的同时,立足我国经济社会发展的现实需要,对马克思主义政治经济学基本原理和方法论的创造性发展成果。这一发展思想着眼于将马克思主义基本原理与中国经济社会发展实践有机结合，以深邃的历史眼光和宽广的时代视野，从认识论和方法论两个维度上完成了对马克思主义政治经济学的创造性发展。这一思想既充分反映了共产党执政规律、社会主义建设规律、人类社会发展规律的客观要求，为不断开拓理论新境界提供了强大的思想武器；又为推动经济社会发展、不断增进人民福祉提供了强大的实践指南，开创了当代中国社会主义现代化建设的新气象。

从马克思主义发展的历史进程看，坚持以人民为中心的发展思想，既与马克思主义同根同源、一脉相承，又与时代、实践和科学的发展同向同力，极大地丰富了马克思主义人民观、发展观，是马克思主义人民观、发展观的新飞跃、新境界，是马克思主义在当代中国理论创新的最新成果。

二、以人民为中心发展思想的形成机理

以人民为中心的发展思想是对马克思主义唯物史观基本原则的坚持和发展，是中国共产党人初心的当代表达，是新时代中国特色社会主义制度建设的根本诉求。

第一，马克思主义认为，人类历史不是一个简单的人类生存的过程，而是一个不断追求自我主体性确认的过程。人类要想生存，必须通过生产劳动，与自然界发生物质变换。不过人类的生产不仅仅为了生存，更重要的是为了自我主体性的确证。因为"动物也生产。它也为自己营造巢穴或住所，如蜜蜂、海狸、蚂蚁等。但是动物只生产它自己或它的幼仔所直接需要的东西：动物的生产是片面的，而人的生产是全面的，动物只是在直接的肉体需要的支配下进行生产，而人甚至不受肉体需要的支配也进行生产，并且只有不受这种需要的支配时才进行真正的生产"[1]。

人类在追求自我确证的生产过程中，不可避免存在改造自然以及改造

---

[1] 马克思恩格斯文集.第1卷[M].北京：人民出版社,2009:162.

自身的行为,也就是说,人类的生产内在蕴含着扩大再生产的成分。只有不断地扩大再生产,才能使人区别于动物,使人摆脱对于自然的依附性,以主体性的姿态存在于自然之中。"工业的历史和工业已经产生的对象性的存在,是一本打开了的关于人的本质力量的书,是感性地摆在我们面前的人的心理学。"①因此,在马克思主义的范畴中,"历史"不仅仅代表着人类现实的经历,更重要的其中包含有"发展"的理念,发展是马克思主义历史观的本质性内涵。

人类历史发展的根源何在? 马克思主义认为,"历史不过是追求着自己目的的人的活动而已"②。因此,发展是以人为中心的发展,而不是以其他存在为中心的发展。人既是发展的动力,也是发展的目标。这里的"人"是具体的、现实的人,不是个别少数人,而是多数人。"代替那存在着阶级和阶级对立的资产阶级旧社会的,是这样一个联合体,在那里,每个人的自由发展是一切人的自由发展的条件。"③所以,发展在本质上是人的创造性自然本能的表现。发展的主体是人,发展的目的是人,而不是物。将发展的目的理解为物的增加,在本质上是将人视作动物,是严重背离马克思主义唯物史观的基本立场的。

第二,"中国共产党人的初心和使命,就是为中国人民谋幸福,为中华民族谋复兴"④。从中国共产党成立之初,为人民服务,就作为中国共产党人的奋斗目标被镌刻在每个共产党人心上。

早期共产党人中,有不少出身富贵,衣食无忧。他们之所以愿意加入中国共产党,就是因为中国共产党的宗旨一开始就是为中国人民谋幸福,为中华民族谋复兴。正是基于对这一信念的认同,许多人放弃自己的荣华富贵,加入中国共产党,投身到中华民族的伟大复兴事业中。1944 年 9 月 8 日,毛

---

① 马克思恩格斯文集.第 1 卷[M].北京:人民出版社,2009:192.
② 马克思恩格斯文集.第 1 卷[M].北京:人民出版社,2009:295.
③ 马克思恩格斯文集.第 2 卷[M].北京:人民出版社,2009:53.
④ 习近平谈治国理政.第三卷[M].北京:外文出版社,2020:1.

泽东在纪念张思德的讲话中明确指出："我们的共产党和共产党所领导的八路军、新四军，是革命的队伍。我们这个队伍完全是为着解放人民的，是彻底地为人民的利益工作的。"①"我们都是来自五湖四海，为了一个共同的革命目标，走到一起来了。"②这个共同的革命目标就是为人民服务。1945年4月24日，毛泽东在党的七大上所作的政治报告指出："全心全意地为人民服务，一刻也不脱离群众；一切从人民的利益出发，而不是从个人或小集团的利益出发；向人民负责和向党的领导机关负责的一致性；这些就是我们的出发点。"③

正是这些共产党人坚守初心，才能在恶劣的环境下与敌人展开艰苦卓绝的斗争，能够深入基层，发动群众，最终夺取全国革命的胜利。在西柏坡，在夺取全国性革命胜利的前夕，中共中央召开了七届二中全会，毛泽东要求全党在胜利面前要始终保持清醒头脑，在夺取全国政权后要经受执政的考验。要把中国共产党的执政当作一个"赶考"，中国共产党人必须不忘初心，以"赶考"的清醒和坚定答好新时代的"答卷"。

在新中国成立前夕，民主人士黄炎培向毛泽东提出了一个关键性问题："我生六十多年，耳闻的不说，所亲眼看到的，真所谓'其兴也勃焉'，'其亡也忽焉'，一人，一家，一团体，一地方，乃至一国，不少单位都没有跳出这周期率的支配力。大凡初时聚精会神，没有一事不用心，没有一人不卖力，也许那时艰难困苦，只有从万死中觅取一生。既而环境渐渐好转了，精神也就渐渐放下了。有的因为历史长久，自然地惰性发作，由少数演变为多数，到风气养成，虽有大力，无法扭转，并且无法补救。也有为了区域一步步扩大，它的扩大，有的出于自然发展，有的为功业欲所驱使，强求发展，到干部人才渐见竭蹶、艰于应付的时候，环境倒越加复杂起来了，控制力不免趋于薄弱了。

① 毛泽东选集.第3卷[M].北京：人民出版社,1991：1004.
② 毛泽东选集.第3卷[M].北京：人民出版社,1991：1005.
③ 毛泽东选集.第3卷[M].北京：人民出版社,1991：1094-1095.

一部历史'政怠宦成'的也有,'人亡政息'的也有,'求荣取辱'的也有。总之没有能跳出这周期率。中共诸君从过去到现在,我略略了解的了。就是希望找出一条新路,来跳出这周期率的支配。"

毛泽东听了他这番话后,回答说:"我们已经找到新路,我们能跳出这周期率。这条新路,就是民主。只有让人民来监督政府,政府才不敢松懈。只有人人起来负责,才不会人亡政息。"①

执政七十多年,中国共产党人紧扣时代脉搏,以人民为中心谋发展。从新中国成立初期的工业化,到改革开放时期的市场经济转型,再到新时代中国特色社会主义建设,都彰显出中国共产党人不忘初心,以人民为中心的执政理念。正是在这种理念的指导下,才实现了中国从站起来、富起来到强起来的伟大转变。

第三,新时代社会主要矛盾的转变,对以人民为中心的发展提出了时代的召唤。党的十九大对我国所处的历史方位做出了新判断——中国特色社会主义进入了新时代。新时代的一个重要特征和变化是,我国社会主要矛盾已经转化为人民日益增长的美好生活需要和不平衡不充分的发展之间的矛盾。我国社会主要矛盾的变化是关系全局的历史性变化,对党和国家工作提出了许多新要求,使我国社会治理面临一系列新问题、新挑战。

改革开放以来,随着经济体制变革和经济持续增长,我国社会的利益格局也发生巨变。一是改革开放初期的共赢格局逐渐消失,不同利益群体产生分化,他们彼此之间的利益得失往往带有相关性,其中一方之所得往往意味着另一方之所失。社会改革所面临的阻力也越来越大,越来越多呈现为"硬骨头"式阻障。二是人民的需求多样化,在生活方面,人民群众越来越注重生活质量,越来越关注社会认同和个人价值实现等非物质层面的需要。在公共服务方面,人们对于公正、公平的诉求也在不断提升,人民已经不满足于是否提供了服务,而关心服务的提供本身是否合规、合法。三是人们也

---

① 金冲及.毛泽东(下)[M].北京:中央文献出版社,1996:719-720.

对自然生态提出了新要求，要求绿水青山，要求改善人类生存环境，能够做到与自然和谐共存。

新时代经济社会的高速发展与社会矛盾的复杂性，导致社会风险度大为增加。风险不同于危机。危机一般被认为是由于非人为原因引发的一种外在于人类社会的风险，它可以给人类造成巨大的伤害，但是在原则上，这种伤害是可以通过人的主体的努力予以有针对性的削弱甚至消除。而风险则不同，"风险的来源不是基于无知的、鲁莽的行为，而是基于理性的规定、判断、分析、推论、区别、比较等认知能力，它不是对自然缺乏控制，而是期望于对自然的控制能够日趋完美。在今天看来，科技不仅仅只具有正面作用，同样相伴而生的是它的负面危害"①。

面对社会风险，我们必须采取相应的对策。习近平总书记主持召开中央全面深化改革委员会第六次会议强调，对标重要领域和关键环节改革，继续啃硬骨头确保干一件成一件。也就是说，面对复杂尖锐的社会矛盾，我们必须坚持以人民为中心，正确处理人与人、人与自然之间的矛盾，一方面通过发展努力缩小贫富差距、实现共同富裕，防止利益固化；另一方面，应坚决贯彻"绿水青山就是金山银山"的发展理念，在发展经济的同时，努力建设美丽家园。

第二节　以人民为中心发展思想
对于乡村振兴的意义

人民是一个具体而复杂的概念，在不同时期和不同空间有着不同的指称对象。对于乡村振兴而言，以人民为中心的发展，就是以农村居民为中心

---

① 薛晓源,刘国良.全球风险世界:现在与未来[J].马克思主义与现实,2005(1)：44-55.

的发展。这一理念对于正确理解和把握乡村振兴战略有着根本性的意义。

一、以人民为中心发展思想的演变

以人民为中心作为一种宗旨一直是中国共产党的执政理念与发展理念,在现实中,以人民为中心的思想究竟如何具体化,其着眼点在何处,则受制于现实的经济和政治条件,随着时代的变化而变化。

(一)新中国成立后以生存为目标的人民中心论

新中国成立之初,我国人口总量已经达到 51 670 万人,其中农村人口 48 402万人,占全部人口的89.4%,而当时可耕地仅仅有 14.68 亿亩,农村人均可耕地仅仅有 3.4 亩。[①] 一方面,当时的农业生产普遍采用传统生产方式,化肥、农药和现代化机械严重不足,导致农业生产水平极低,使广大农民连基本的温饱都无法满足,生活水平整体上徘徊在生存线上下;另一方面,作为现代世界中的一员,中国必须快速实现工业化,才能在现代世界中获得立足之地。新中国成立之初,中国工业基础薄弱,尤其是重工业,几乎为零。"现在我们能造什么?能造桌子椅子,能造茶碗茶壶,能种粮食,还能磨成面粉,还能造纸。但是,一辆汽车,一架飞机,一辆坦克,一辆拖拉机都不能造。"[②]这意味着,中国的工业化战略面临着轻工业为主或重工业为主的历史性选择。轻工业的优势在于投资少,见效快,可以直接满足人民的物质文化生活,但是由于缺乏原发再生产能力,其生产水平的提高有着内在的限制。重工业的优势是能够为工业提供一个稳固的基础,为扩大性再生产提供支持,其弱点在于投资大,见效慢,与人们的直接的物质文化生活需求缺乏直接的关联。因此,在新中国成立初期,关于是否工业化,如何工业化的问题党内出现了争论。

1953 年,毛泽东指出,所谓仁政有两种:一种是为人民的当前利益,另一

---

① 该数据依据《中国农村经济统计大全:1949—1986》计算得出.

② 建国以来毛泽东文稿. 第4册[M].北京:中央文献出版社,1990:506.

种是为人民的长远利益,例如抗美援朝,建设重工业。前一种是小仁政,后一种是大仁政。重点应该放在大仁政上。现在,我们施仁政的重点应当放在建设重工业上。如何解决这种两难困境? 中国不仅要解决基本的生存问题,还要留出一定的剩余为工业化提供原始积累。针对这一问题,中国共产党坚守初心,从现实出发,确保人人有饭吃,以确保人的生命存在为核心就成为新中国成立初期以及后来长期执政的根本原则。

基于确保生存的原则,乡村展开了合作化运动。这场运动中固然有共产主义理念影响的因素,但更多是基于确保乡村农民普遍性生存的理念驱动。众所周知,在土地私有化并且个体化经营的格局下,乡村社会的贫富分化不可避免。一般来说,对于任何一个传统社会,贫富分化都是常态,无论如何努力,都无法在根本上改变这种格局。但是对于当时的中国而言,贫富分化却不能等闲视之。这并不是因为共产主义的平等观念,而是当时的中国已经整体上处于绝对贫困状态。农业产出对于社会而言,不仅没有剩余,而且连温饱都无法有效满足。当时人们的普遍感觉是吃不饱,饥饿已经成为当时人们普遍的感受。这意味着,在当时贫富分化的后果,不仅仅是引发社会的不公平,更重要的是恶化社会的生存性危机,从原来的小危机发展为大危机,进而导致社会秩序的崩溃。

除了基本的温饱问题之外,乡村自然生态也处于极度脆弱的边缘。由于近代中国人口数量过剩,为了解决吃饭问题,人们大量开垦耕地,而这些耕地的获得,大多数是通过森林砍伐、湿地填堵等破坏生态系统的方式。而生态系统破坏直接的后果是自然灾害发生的频率与强度都空前扩大。为了对抗这些人为的自然灾害,一方面需要在乡村大修农田基础设施,抵御水灾、旱灾等对于农业生产具有极大破坏性的自然灾害问题,另一方面需要建立起有效的福利救济体系,对于受灾地区民众进行救助。

问题在于,在小农土地私有制的框架下,这个问题是无解的。从历史来看,无论是古代还是近代乡村都无法避免这种"靠天吃饭"的命运。如果风调雨顺还好,一旦出现严重的自然灾害,立刻就会引发乡村农民背井离乡,逃难避灾。农民无力对抗各种自然灾害,究其原因在于农村土地私有制下的小农经营,根本没有能力进行有效的集体动员,对农村基础生产设施进行必要建设。在缺乏足够的公共基础设施建设投入的情况下,加上人口在不断增长,不可避免造成自然环境的持续性恶化,从而导致自然灾害的发生频率不断增加,破坏性不断加大。

新中国成立后,为彻底解决乡村集体动员能力不足的问题,乡村土地逐渐实现了公有化,从而使得集体掌握了充足的人力和物力资源,能够对乡村生产生活相关基础性公共服务进行有效的建设。新中国成立后的三十年中,中国乡村农田水利基础设施建设有了质的提升,各地纷纷兴建水库、水渠、水坝等基础设施,有力地改善了农业经营条件,降低了旱涝灾害对于乡村生产生活的危害。除此之外,还推行了统购统销制度,全国一盘棋来安排调度粮食等基本生活物资。在统购统销制度下,虽然人均口粮数量有限,不能满足人们吃饱的要求,却能够确保每个人都有饭吃,从而最大限度确保了人的生存。正是在统购统销制度的支持下,新中国成立三十年中国人口数量翻了一番,呈现出高速增长趋势。

(二)改革开放以来以提高农民收入和生产生活水平为目标的
　　人民中心论

20 世纪 80 年代末,世界冷战格局逐渐改变,和平与发展成为世界主题。20 世纪 70 年代末,中国经过了三十年的积累,也已经初步形成完整的工业体系,农业机械装备方面也有长足的发展。以邓小平为核心的第二代领导集体果断决策,停止以阶级斗争为纲,将党和国家工作重心转移到经济建设上来。改革开放首先从农村体制变革开始,确立了以增强农民的自主权和生产积极性为取向的家庭联产承包责任制,从解决基本生存问题逐步向增加农民收入和提高农民生活水平转变。

1978 年和 1979 年两年间,在党的十一届三中全会和十一届四中全会上,对农业问题均给予了足够的重视。《中国共产党第十一届中央委员会第三次全体会议公报》中明确指出："全党目前必须集中主要精力把农业尽快搞上去，因为农业这个国民经济的基础，这些年来受了严重的破坏，目前就整体来说还十分薄弱。"同时也指明了农村改革的方向和切入点，强调"必须首先调动我国几亿农民的社会主义积极性，必须在经济上充分关心他们的物质利益，在政治上切实保障他们的民主权利"①。一年之后，党的十一届四中全会审议通过了《中共中央关于加快农业发展若干问题的决定》，其中又进一步指出："经过实践证明行之有效的政策，切不可轻易改变，以致失信于民，挫伤农民的积极性。同时，对那些不利于发挥农民生产积极性，不利于发展农业生产力的错误政策，必须坚决加以修改和纠正。"②这两次全会强调了解决农业问题的重要性、紧迫性，为农村政策调整提供了理论支持，同时也确定了农村政策的调整方向，即当前农村政策要维护农民的物质利益及其政治权益，充分调动农民的生产积极性。

在以农民增收和提高生产生活水平为主要目标的人民中心论指引下，我国乡村经济有了长足的发展。首先，打破了过去的人民公社体制，在农业生产上采用家庭联产承包责任制，解决了过去集体化生产下农民劳动积极性不足的问题；其次，改革传统的农产品统购派购政策，大力推进农业商品经济，并建立农产品产销加工的市场体系机制；最后，对农村的产业结构进行优化整合，鼓励乡村自主创业创新。在政策的扶持下，各地乡镇企业在此时呈现井喷式发展。

在对乡村进行经济建设的同时，乡村社会建设也开始提上议事日程。1987 年民政部所发的《关于探索建立农村社会保障制度的报告》对农村社会保障体系的建立具有指导意义。同时，为弥补社保的不足之处，更好地保障弱势群体的权益，在 1995 年，农村最低生活保障制度也开始在一些地方进行

---

① 中共中央文献研究室.三中全会以来重要文献选编(下)[M].北京：中央文献出版社,1982：7.

② 中共中央党史研究室.中国新时期农村的变革.中央卷(上)[M].北京：中共党史出版社,1998：55.

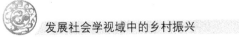

试点工作。农村的医疗问题也成为党的农村政策所关注的重点。从 1997 年起,农村开始实行医疗合作,一定程度上缓解了农民看病难的问题。2002 年《关于进一步加强农村卫生工作的决定》中,指出当前的重要任务是恢复和完善农村医疗体制。

在农村改革的过程中,也出现了农民负担过重的问题。20 世纪 90 年代,由于两税制的建立,地方政府的财政负担陡然加重,其中有相当一部分负担被转嫁到农村由农民承担。从 1993 年开始,党和国家陆续出台了一些规定和政策来缓解农民的经济负担,但效果仍不十分明显。直到 1998 年党的十五届三中全会后,农村税费改革的议题逐渐提上了日程。中共中央、国务院出台《关于进行农村税费改革试点工作的通知》,标志着农村税费改革的正式启动。2000 年以后,国家推行免除农业税政策,从根本上遏制了农民负担过重的问题。2000 年 3 月,中共中央、国务院出台的《关于进行农村税费改革试点工作的通知》中明确规定:"村内兴办其他集体生产公益事业所需资金,不再固定向农民收取村提留,实行一事一议。由村民大会民主讨论决定,实行村务公开、村民监督和上级审计。对村内一事一议的集体生产公益事业筹资,实行上限控制。""农村税费改革后取消统一规定的劳动积累工和义务工。村内进行农田水利基础设施、修建村级道路、植树造林等集体生产公益事业所需劳务,实行一事一议,由村民大会民主讨论决定,村内用工实行上限控制。"同年 7 月,农业部印发了《村级范围内筹资筹劳管理暂行规定》。各地政府依据中共中央、国务院以及农业部的有关规定,制定具体条例落实中央政策。例如,江苏省人民政府办公厅 2001 年 3 月下发了《关于加强对村级范围内一事一议筹资筹劳管理的意见》,从本省的实际情况出发,对村级一事一议筹资筹劳做出了具体规定:"村内一事一议筹资、筹劳实行上限控制,以村为单位人均每年筹资 20 元,苏南等经济发达地区不得超过 25 元。每个劳动力每年筹劳一般 5 个工日,最多不超过 8 个工日,并不得强行以资代劳。"

（三）新时代以美好生活建设为目标的人民中心论

随着改革开放的不断成功,中国也进入新时代。这一阶段与过去相比,人们所面临的主要问题已经不是温饱问题,也不是增收问题,而是生活质量问题。今天的中国与改革开放刚起步时的中国不可同日而语。虽然我国依然处于社会主义初级阶段,最大发展中国家的地位没有改变,但20世纪80年代初确立的社会主要矛盾事实上发生了变化。一方面,我国已经走出物质匮乏的时代,生产资料和生活资源丰富,商品供给充裕,文化日益繁荣,人民生活的需要不再是不能满足的紧张而是如何提高质量的问题;另一方面,随着经济和科技的蓬勃发展,用"落后的社会生产"表示我国的现状也完全不符合事实。党的十九大适时地将我国社会主要矛盾修改为"人民日益增长的美好生活需要和不平衡不充分的发展之间的矛盾",正是在这一阶段,以人民为中心的发展实现了从物到人的回归,从形式到内容的嵌合。

以人民为中心的关键就是不断满足人民向往美好生活的需要,这是党的十八大后习近平总书记反复强调的思想。2013年8月底,习近平总书记在辽宁考察时指出,"让老百姓过上好日子是我们一切工作的出发点和落脚点"。这个好日子不能仅仅依靠物质指标体现,必须以人民的主体性认同作为标准。党的十九大报告将其总结为"三感":"使人民获得感、幸福感、安全感更加充实、更有保障、更可持续。"这是人民向往美好生活的整体性展示,它深刻反映了党中央在新的历史起点上对怎样更好地满足人民期待做出的时代回应。

获得感、幸福感、安全感的含义不同但又存在紧密联系。从人民的生活感受来讲,对于社会发展拥有获得感是首要的前提,社会是否发展,必须以人民的实在获得感为评价前提,无论国内生产总值(GDP)增长多少,如果人民对其没有任何获得感,GDP的增长被认为仅仅是国家的事情,那么这个GDP增长就没有发展的意义。幸福感是获得感的质的升级。人民的获得感中有物质的量的增加成分,也有精神体验的质的愉悦成分。一方面,人民需

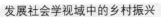

要有更多的物质获得,没有物质方面的获得,幸福生活就失去了基础;另一方面,物质方面的获得与精神体验的愉悦并非直接对应,物质获得的增加未必会带来精神愉悦的体验,也可能会带来精神的空虚等不良体验,例如物质获得的增长是依靠不公平的方式,不仅不会带来精神的愉悦,还会造成人民精神的萎靡不振。安全感是获得感、幸福感的长效保证。现代社会是一个风险社会,风险内嵌于现代社会之中,如何有效地降低、规避风险是衡量一个社会发展水平与潜力的重要指标,不能有效控制风险,没有发达的风险管控预防体系,获得感与幸福感都是沙上造塔。

从获得感、幸福感、安全感来表述人民向往美好生活的需要,体现了新时代党执政的使命担当。党的十八大以来,以习近平同志为核心的党中央始终把人民放在心中最高位置,顺应民心、尊重民意、关注民情、致力民生。高举中国特色社会主义和改革开放的伟大旗帜,坚持统筹推进"五位一体"总体布局,协调推进"四个全面"战略布局,坚持稳中求进工作总基调,对党和国家各方面工作提出了一系列新理念新思想新战略,以巨大的政治勇气和智慧,提出了全面深化改革的总目标是完善和发展中国特色社会主义制度,推进国家治理体系和治理能力现代化,着力增强改革系统性、整体性、协同性,着力抓好重大制度创新,让改革发展成果更多更公平惠及全体人民,在更高起点、更高层次、更高目标上推进全面深化改革,开启了全面深化改革、系统整体设计推进改革的新时代,开创了我国改革开放的全新局面,各项便民、惠民、利民举措持续实施,在推动党和国家事业发生历史性变革、取得历史性成就的同时,人民生活不断改善,人民福祉不断增强,实现了从"赶上时代"到"引领时代"的伟大跨越。实践证明,只有始终坚持以人民为中心,顺应人民群众对美好生活的向往,站在人民立场上把握和处理好涉及改革发展的重大问题,从人民利益出发来谋划改革思路、制定改革举措,实现好、维护好、发展好最广大人民根本利益,才能不断增强人民群众的获得感、幸福感、安全感。

二、以人民为中心发展思想在乡村振兴中的体现

(一) 乡村振兴的最终目标与宗旨都是为了农民美好生活的实现

在现实中,如何落实乡村发展? 如何衡量农民美化生活的实现? 在过去,较为流行的做法是将衡量社会发展的经济、政治、文化等方面数字化,通过数字的增减来评价乡村的发展程度。其中,GDP 作为经济评价指标,更是重中之重,是评价社会发展的核心指标,甚至是唯一指标。在这种数字化指标评价机制下,许多地方政府成为数字迷恋者,一切工作以数字为中心,评价工作的好坏都基于数字的增减,所有工作都以某项数字的增加为目标。其结果是导致乡村产业盲目扩张,对于社会整体而言造成资源的浪费,对于乡村自身而言则造成利益的重大损失。有学者调查显示,许多乡村都热衷于兴办集体企业,以此来表现干部的积极作为,但是由于对于市场缺乏深入调查,同时缺乏相关经验与技能,许多乡镇企业兴办后很快就陷入困境,不仅不能为乡村谋利,而且成为乡村的债务负担。除了这种直接以集体方式投资造成的亏损之外,还有许多地方,不考虑具体的乡情村情的差异,采用一刀切的方式;不考虑事物发展的波动性规律,为了数字而数字,以数字增长为目的,对于乡村人民的生产生活造成了许多不良的后果。例如,某些地区盲目引进其他地区经验,强令农民种植某种作物或者发展某种产业,往往给农民生产生活造成重大损失。某些地区为了 GDP 的增长,不惜牺牲自然生态,给居民身体健康造成重大伤害。许多乡镇企业为了利润值的增长,不注意内在技术积累和管理优化,偏重于产量的增加,甚至为了降低成本,不惜生产假冒伪劣产品。这些做法都以牺牲乡村可持续发展为代价。

现代社会是一个市场经济社会。对于市场而言,精准的数字化核算乃是其基本机理。在这个意义上,乡村发展的数字化度量有一定的合理意义。但是,这必须建立在适度数字化前提下。从宏观角度看,乡村社会本身乃是一个高度有机化空间,其生产生活的市场化程度有限,即使被市场化,也处

于市场边缘地带,市场性不足。以粮食经营为例,在生产阶段,粮食生产受到自然限制,其播种面积,种植周期,以及风险规避等问题都非人力所能控制。在流通阶段,由于粮食的刚需特征,决定了粮食价格存在刚性的限制,并不会严格遵循市场的稀缺性定律。也就是说,粮食供需与价格之间并不构成直接的线性关联关系,即使粮食极度稀缺,其价格也有刚性的约束,否则就会造成社会秩序的崩溃。反之,如果粮食过于丰裕,却必然会造成粮食价格的大幅下跌。

这意味着,乡村社会本身不仅在文化层面不适宜数字化,而且在经济层面也缺乏数字化的支持。换言之,乡村发展的许多因素不能精准量化,不能被纳入数字之中,给予数字性评价。如果在发展评价中过度数字化,以数字来衡量、规划乡村振兴,不仅会给乡村空间的有机性造成伤害,同时还会阻碍乡村真正的发展。

过度数字化的本质,是无视社会发展规律,无视社会发展的复杂性,将社会发展简单地等同于经济增长,试图以经济增长替代政治、社会、文化和生态等社会全面发展。这种情况在改革开放初期是可以接受的,因为当时的首要问题是解决基本的民生问题即温饱问题。但是随着我国改革开放的深化,新时代社会主要矛盾的转变,这种简单的发展理念已经无法适应社会的现实。

隐藏于过度数字化背后的是关于发展目的的理念问题。过度数字化的本质就是将人抽象化,把人当作纯粹的工具性存在,不是将现实的具体的农民作为乡村振兴的主体,而是当作实现某种目标的工具。在现实中,这种过度数字化的核心在于决策者不是从农民利益出发,以农民利益为中心,而是从领导者的自我利益与政绩出发,为了政绩的需要而设计乡村发展政策与计划。对于领导而言,其升迁更多依靠上级的数字化的考察。正是在这种非人民为中心的发展思想指导下,现实的具体的农民利益才会变成没有差异的数字,可以将其无差别地予以评估、测量。要想改变这种格局,必须改变传统的干部考核体系与方法,尤其是乡村干部的考核方式,将现代农民的发展作为乡村发展的根本目的，以农民的利益为乡村利益中心，这样才能避免过度数字化，才能从农民立场出发制定适宜的发展政策与发展策略。

对于乡村振兴而言，农民美好生活的实现是乡村振兴的目标归属。究竟什么样的生活是农民眼中的美好生活，需要从农民的立场上考虑问题，不能以外在的标准与观点替代农民自身的认知与体验。换言之，乡村振兴不能为了发展而发展，所有发展的策略、政策等都必须围绕农民美好生活的实现而展开，不能颠倒目的与手段的关系，不能以手段替代目的，以发展的期望替代现实的农民生活感受。

（二）农民是乡村振兴的主体

乡村振兴是一个复杂而艰巨的系统工程。以人民为中心的发展，意味着乡村振兴的主体只能是乡村现代农民，而不能是其他人员。在乡村振兴的过程中，当然需要从外部引进资金、技术和人才，但是这些资金、技术和人才不能反客为主，不能替代农民的主体性地位。在过去，许多地方为了实现乡村发展的目标，急于求成，往往从自己的主观愿望出发，一方面不顾农民主体意愿与主体能力，盲目引介新产品，新经营方式，其结果往往造成乡村集体财产的大量流失与农民家庭资产的大幅度亏损；另一方面凭借各种手段向上级，向外部讨要大量资源输入，试图通过外部福利化或者救济化的方式，来实现乡村的脱贫致富。其结果造成社会资源大量浪费，同时还造成大批量搭便车现象产生。很显然，上述无论哪种方法，都在根本上违背了农民主体发展的乡村振兴原则。由于广大农民在乡村振兴中处于被动状态，其结果纵使在短期内乡村面貌发生重大改变，但是没有从根本上改变乡村发展不足、后劲乏力的难题，甚至由于这种畸形的发展给乡村后续发展造成不必要的障碍。

一个典型的例子是改革开放后的城中村现象。许多城中村一夜之间由于房地产而暴富，村集体收入一下子达到了小康生活标准。但是城中村农民没有在经济经营方式上发生质的改变，而且在道德文化素质上也没有丝毫提升,甚至还有所下降。① 许多城中村农民家庭全家人整日无所事事,孩子上学,大人闲来与人聊天、玩牌。整体上"在物质生活上表现出寄生性、畸形性及在精神生活上表现出双重性、边缘性特征"②。

这种由于农民暴富造成乡村文化崩溃的现象不仅仅存在于局部地区,在全国许多地区都存在。不仅直接表现为成年人的颓废,而且对于青少年影响巨大,许多暴富的农民二代缺乏学习动力,家长又不能以身作则,从而导致现代青少年沉迷于游戏网络,比一般青少年颓废更加严重。

在现阶段,除了外部产业引入之外,许多地方为了追求短平快,大多采用福利化的方式来提升农民的生活水平。这样做的好处是立竿见影,可以迅速改变乡村面貌,其不利之处在于农民这些福利的获得并没有经过主体性的努力,他们主观上缺乏维护的意愿,客观上缺乏坚持的能力,反而由于旧的乡村生态被破坏变得无所适从,给农民生产生活造成许多不利的影响,从根本上堵塞了乡村振兴发展之路。所以,乡村振兴不是一个外部福利化或者救济的过程,而是一个乡村自力更生,开放发展的过程。只有乡村能够自力更生,自主发展,才能真正实现振兴,确保振兴的持久性和有效性。因此,乡村振兴需要以农民为主体,在推进经济增长的同时,培育具有主体性的新型农民。换言之,乡村振兴中,不仅包含有经济的振兴、生态的振兴等物的内容,还要有政治、社会和文化的振兴等人的内容。二者相辅相成,不可偏废。

(三)乡村振兴以乡村为空间主体

乡村在空间上并非孤立的存在,它的命运总是与城市捆绑在一起。乡村与城市的形成在根本上是社会分工的产物。一般来说,乡村是农业生产

---

① 赵咸宁.浅谈西安城中村农民道德建设[J].西安社会科学(哲学社会科学版),2008(04):41-42.

② 翟慎红.关于太原"城中村"青年生活方式的初步研究[J].山西青年管理干部学院学报,2005,15(4):6-7.

的空间基地,城市则是工商业活跃的土壤。当然,由于现实中人类个体无法自给自足,必须通过交易获得生活物资,所以,即使在乡村中同样有工商业的存在。尤其在现代,随着交通物流的发达,乡村同时也成为工业部门重要的生产基地。许多乡村地区也形成了工业园区。也就是说,乡村自身产业部门齐全,与城市一起构成了完整的社会生产体系。因此,乡村振兴,既可以是以城市为空间主体以乡村空间为资本载体的振兴,也可以是以乡村为空间主体的振兴。

二者的区别在于,以城市为空间主体,则意味着乡村产业完全依照城市产业布局规划,其产业发展完全遵循市场价格法则原则,乡村空间完全成为资本逐利的空间。以乡村为空间主体,乡村产业则存在诸多限制,一是在产业类型安排上有限制,某些产业必须优先保障,哪怕其利润不高,某些产业则必须予以限制甚至禁止,哪怕其利润巨大;二是产业发展不能简单考虑经济收益,同时必须考虑其社会、文化效应,乡村空间中的产业同时还承载着塑造乡村社会空间,传承乡村文化的重任。

对于中国而言,尽管已经建立起完整的产业体系,许多地方乡村产业已经高度融入城市产业体系中,但是,由于中国特殊国情,乡村作为农业生产基地的本质仍然无法改变。对于拥有 14 亿人口的大国而言,民以食为天,粮食蔬菜等农产品生产仍然具有根本性地位。党的十九大提出实施乡村振兴战略,其中明确要求确保国家粮食安全,把中国人的饭碗牢牢端在自己手中。换言之,无论乡村如何改变,在总体上农业生产空间主体的身份无法改变。尤其是中国的乡村,更是不可能摆脱这一身份。这是因为中国是一个人口大国,占全世界人口总数将近五分之一。这种情况决定了中国必须在基础层面保证粮食蔬菜的自给自足。这并不是说中国的农产品不能采用外贸方式获得,而是必须保证自身有足够的生产能力,有备无患。这既是降低自身的风险,也是降低世界农产品风险的必要措施。

乡村农业生产的重要性,决定了乡村振兴必须以乡村空间生产为主要目标,乡村不仅仅是一个产业基地,而且要有清晰的空间主体意识。乡村的生产不仅仅是在乡村的生产,同时也是乡村性空间生产本身。

三、比较视域下的以人民为中心发展思想

从人类历史发展角度,任何发展都需要付出一定的代价,甚至需要做出一定的牺牲。但是,究竟付出什么样的代价,做出多大的牺牲,以及付出代价后能够得到什么,往往由于发展理念的差异而有极大的差别。

西方社会早期的发展,是以普通民众的生命与健康为代价而获得的发展。其中不仅包括其他被殖民被掠夺国家的民众,同样也包括本国的普通民众。作为资本主义国家典范的英国,在早期的资本主义发展过程中,通过圈地运动实现了农业现代化,相应的代价是大量农民被逐出乡村,被迫进入城市从事繁重的劳作。而这些进入城市的工人,缺乏基本的生存安全保障,长期过量劳动,处于高度污染的环境中,最终造成大量工人的非正常性死亡。

非西方的后发展国家中,许多国家也是以牺牲普通民众的利益为代价而获得发展。以印度为例,印度在政治体制上保留了种姓制度,男女不平等制度仍然在印度社会中根深蒂固,政治精英对此置若罔闻。其结果是印度虽然也是一个人口大国、生产大国,但是其国内贫富差距悬殊,公共设施与服务落后,普通民众的基本生存权不能得到有效维护。

这种情况在 2020 年的新冠肺炎疫情中暴露无遗。从统计数据来看,2003 年起,印度就进入了高速增长阶段,除去 2008 年金融危机造成了 3.09% 的增长率之外,其他年份最低在 5.04%,最高可以达到 8.5%,经常性保持在 7% 以上,可谓发展迅猛。但是这种高速发展本身建立在虚弱的基础之上,就是普通民众的生存危机依然存在,仍然没有摆脱生存威胁的状态。2020 年新冠肺炎疫情的爆发,使得许多国家不得不采用隔离措施,由此而造成大量企业停工停产。印度也推行了隔离政策,许多乡村地区的农民被迫返回家乡,但是对于他们而言,一旦失去工作往往意味着食物供应的丧失。至于高额的新冠病毒检测费用和新冠肺炎治疗费用,大部分民众也根本没

有资金与能力承担。因此,对于许多印度人而言,疫情本身并不可怕,可怕的是由于疫情所造成的失业、饥饿以及由此而带来的死亡。

上述国家之所以出现这种高代价发展的问题,在根本上与其缺乏以人民为中心的发展理念密切相关。在它们的观念中,发展更多是为了少数人,人民更多是作为发展的工具甚至是可以牺牲的代价而存在,由此而导致了民众在发展中付出的多,获得的少,不仅发展过程充满血腥,而且在发展结果上也明显存在不足,广大人民群众不能真正分享发展的成果。

与此相对,中国却创造了历史的奇迹。在新中国成立后的七十多年里,中国就实现了从农业国家向工业国家的转变,并且在这个转型过程中,没有出现大规模的人口非正常性死亡,在经济增长的同时,能够保证有基础性的公共教育、公共医疗、公共卫生等公共服务设施。这一切,都与中国共产党一贯坚持以人民为中心的发展理念有着根本的联系。正是在以人民为中心的发展理念指导下,中国共产党才能在发展的过程中保持均衡,避免两极分化。同时能够审时度势,及时发现问题,进行修正。正是这种立场,一方面避免了中国社会出现两极分化而造成的社会撕裂,另一方面也保持了足够的活力,激发起人民的创新力,从而推进中国不断向前发展。

第三节　正确理解以人民为中心的发展思想

发展为了人民,是马克思主义和中国共产党的一贯诉求。在现实中,有几种发展理念,表面上与以人民为中心的理念高度相似,本质上却有根本的不同。坚持以人民为中心的发展思想,必须与这些观念划清界限。

一、民本主义

民本主义是中国古代思想精英与统治者治国的基本理念。它的基本含义为"民惟邦本,本固邦宁",即普通民众是一个国家存在的基础,在政治上必须充分重视。在后来的历史发展中,孟子甚至提出了"民为贵,社稷次之,君为轻"的观念,可以说是民本主义的顶峰,充分表达了古代中国政治理念中对普通民众价值的肯定。

这种观念在中国传统社会源远流长,有着深厚的影响。从当时的时代条件来说,民本主义具有相当的进步意义,对于约束统治者的压迫剥削,改进民众生活福利起到了一定的作用。不过,在根本上,民本主义不同于以人民为中心的思想。前者并未将人民视为社会的主体,人民不是社会的主人,仅仅在结构意义上被视为社会存在的基础,真正主宰社会发展和民众命运的是君主。也就是说,民本是以尊奉君主为前提才具有正当性,民众仅仅在消极意义上具有价值。因此,古人虽然提出民为贵,但是在现实中君更贵,君主之所以要约束自己的私欲,在根本上是因为"君,舟也;民,水也;水能载舟,亦能覆舟"。也就是说,君主并不需要将民众当作主人,但是必须重视民众的力量,对于民众的剥削和压迫有一定的限度,不能涸泽而渔。因此,"为政之道,以顺民心为本,以厚民生为本,以安而不扰为本"(《代吕公著应诏上神宗皇帝书》)。

在本质上,民本主义是将君主塑造为一个民众的大家长,民众都是高度依附于君主的没有独立身份与意志的子民,自身没有自主性和创造性。在这种思想观念体系中,由于民众属于被压制、缺乏自主性的存在,导致民本主义在思想逻辑上是与社会发展相对立的。因为发展必须依靠民众充分发挥其聪明才智,而这恰恰意味着民智大开,民众不会再服从君主的统治。

在实践意义上,民本主义的经济基础是小农生产。在传统中国,农业是社会的主干产业。基于人口增长,多子继承等自然与人文制度原因,农业经营普遍碎片化,小农经济乃是常态。所谓小农,"是指小块土地的所有者或租佃者——尤其是所有者,这块土地既不大于他以自己全家的力量通常所能耕种的限度,也不小于足以养活他的家口的限度"①。因此,在政治上,小农经济的特点是"小农人数众多,他们的生活条件相同,但是彼此间并没有发生多种多样的关系。他们的生产方式不是使他们互相交往,而是使他们互相隔离……每一个农户差不多都是自给自足的,都是直接生产自己的大部分消费品,因而他们取得生活资料多半是靠与自然交换,而不是靠与社会交往。一小块土地,一个农民和一个家庭;旁边是另一小块土地,另一个农民和另一个家庭。一批这样的单位就形成一个村子;一批这样的村子就形成一个省"②。这种碎片化的生产生活方式决定了小农的政治是一种君主政治。"各个小农彼此间只存在地域的联系,他们利益的同一性并不使他们彼此形成共同关系,形成全国性的联系,形成政治组织,就这一点而言,他们又不是一个阶级。因此,他们不能以自己的名义来保护自己的阶级利益,无论是通过议会或通过国民公会。他们不能代表自己,一定要别人来代表他们。"③在现实中,这种权力的代表的典型是君主,而不是贵族。因为贵族很大程度上与土地紧密关联,在本质上属于规模化农业经营者,与小农存在同质性的竞争关系。君主则不同,君主的收入更多来自于赋税,其统治更多依靠官僚化的行政体制维系,基于维系统治的需要,君主对于规模化农业经营者有着天然的敌视,因为他们很容易对君主权力造成威胁,因此,君主与小农是天然的政治盟友。

与土地的小规模经营相伴生的是科技因素的薄弱以及市场交易能力的严重不足。因此,在经济上,"小块土地所有制按其性质来说就排斥社会劳动生产力的发展,劳动的社会形式、资本的社会积聚、大规模的畜牧和科学的不断扩大的应用。高利贷和税收制度必然会到处促使这种所有制没落。资本在土地价格上的支出,势必夺去用于耕种的资本。生产资料无止境地

---

① 马克思恩格斯文集. 第 3 卷[M]. 北京:人民出版社,2009:512.
② 马克思恩格斯文集. 第 2 卷[M]. 北京:人民出版社,2009:566.
③ 马克思恩格斯文集. 第 2 卷[M]. 北京:人民出版社,2009:567.

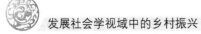

分散,生产者本身无止境地分离。人力发生巨大的浪费。生产条件日趋恶化和生产资料日益昂贵是小块土地所有制的必然规律。对这种生产方式来说,好年成也是一种不幸"①。

直到现代,中国农业仍然带有相当的小农经营成分,许多地方的乡村人均耕地不足 1 亩,无法有效大规模经营。这种碎片化农业经营方式,在客观上为传统的君主权威观念提供了滋生的土壤,由此而造成了民本主义观念在现代依然长期存在。这种民本主义在现代社会的一些地方体现为政府的父爱主义,不尊重村民的主体性,以为了村民福祉的名义,替农民选择产业方向,决定生活方式,偏好于采用威权方式管理农村。事实上,乡村振兴本质上是乡村的现代化,民本主义思想无论在经济基础,还是政治理念上都是前现代性的存在,坚持以人民为中心的发展,必须摒弃民本主义思想,否则乡村振兴就有走老路、退化落后的危险。

二、人本主义

人本主义思想是近代西方思想界关于人的本质、价值以及人与人之间关系的理论。与民本主义相比,人本主义在尊重人的主体性、人与人之间的平等性等维度上都具有现代性特质。在这个意义上,人本主义与以人民为中心的发展思想有着较高的亲和度。不过,人本主义带有较强的西方宗教文化特征,与以人民为中心的思想有着本质的不同。

西方人本主义思想是在与神本主义的斗争中形成的。首先,人本主义将人们思考的对象由宗教神学转移到人类自身,开启了对人的内心世界及其价值意义的沉思。人本主义集大成者费尔巴哈曾指出,不是神创造了人,而是人创造了神,神的本质与特性不过是人本质的自我异化。费尔巴哈对人自身的确证,砸碎了中世纪的"上帝之城",闪耀着人性的熠熠之光。其次,人本主义与"神本主义"相对立,它拒斥对"天理"或"教条"的盲从,倡导

---

① 马克思恩格斯文集.第 7 卷[M].北京:人民出版社,2009:912.

以科学理性摆脱宗教神学的绝对权威,有力抨击了基督教神学与封建专制统治制度。最后,人本主义关注人的自我价值的追求与实现,坚持将人的发展视为最终目标,把人的自我价值的实现程度作为衡量社会进步的标尺,这为资本主义的发展提供了学理支撑,一定程度上推动了社会的进步。

在西方,神就是基督教的上帝,上帝作为超越性存在,具有两个特征。第一,不在世界之内。依照基督教教义,自然世界乃是上帝从无中创造而出,是上帝的创造物。换言之,上帝与世界之间乃是一种疏离性、单独性存在。第二,上帝是唯一的实在,其他所有存在都不具有实在性。对于上帝而言,原则上是没有意义的存在。

在这种神的观念下,人的观念也呈现出独特性。第一,在人与自然之间乃是一种紧张的对立性关系,人不属于自然,而是作为上帝的选民而存在,人与自然之间是一种改造与被改造的关系。第二,人与人之间也是一种纯粹个体性的偶然性关系,人与人之间的纽带建立在对于上帝的信仰基础之上,人与人之间的自然联系本身并不具有终极合法性,乃是次生的存在。换言之,在西方宗教文化中,人的本性内在蕴含着个体性和抽象性的特征。

近代的人本主义,虽然推翻了神的中心地位,但是关于人的界定上,却依然保持了过去的抽象性与个体性的气质。换言之,西方近代的人本主义只是去掉了神本主义的外套,让过去笼罩于人类之上的上帝退场,取而代之的是所有人的神化。在这种神化的人的逻辑下,形式性的个人主义才是人本主义的根本内涵。

个人主义的关键是将个人视为实在性的存在,除了个人之外,其他所有的团体在根本上都是非实在性存在,仅仅是个人基于主体意志自由结合的产物。换言之,这些团体的存在本质上是临时性、偶然性的,依赖于个体的观念意志而存在。体现在社会观念上,近代西方普遍将人类社会视为市民社会,认为个人与个人之间之所以形成一个社会,乃是基于利益互补的结果。"我们每天所需的食料和饮料,不是出自屠户、酿酒家或烙面师的恩惠,

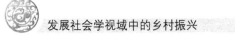

而是出于他们自利的打算。"①而建立在社会之上的国家,则被视为一个市场的守夜人,国家基于人们公共服务需要而产生,通过契约的方法成立,同样也可以通过解约的方法予以废除。简而言之,对于个人主义而言,人类社会的所有价值与利益标准都建立在个人的需要评价之上。历史上,个人主义对于反抗专制,拓展人的自由起到过重要作用。因为现实中的诸多专制大多是以集体的名义对个人进行压制。在这个意义上,个人主义对于现代社会发展具有重要的积极意义。不过,个人主义本身的缺陷相当明显,个人主义思想是对人类社会认知高度简化的结果。在根本意义上,人的存在并非纯粹的个体,也非纯粹的共同体,而是双重性的存在。也就是说,集体并非简单的个人的临时的组合,而是一个实在的存在。个人主义不承认集体存在的实在性,在客观上导致人的原子化。这就容易造成人的发展的高度不均衡,人与人之间恶性竞争的不良后果。

这种个人主义化的人本主义的一个典型后果就是社会达尔文主义。近代以来,随着人类认识世界和改造世界能力的增强,进化论逐渐取代过去的循环论与退步论成为社会观念的主流。那么社会进步的动力与机制是什么?由于人本主义的个人主义特性,使得当时的西方普遍将人与人之间的竞争视为人类社会进步的根本动力。同时由于人与人之间的原子化设定,决定了许多人将竞争理解为你死我活的生存斗争。在这样的框架下,社会达尔文主义的产生与传播就必不可免。

事实上,社会达尔文主义的理论前提是将人视为动物,将人的动物性当作人性。人之所以为人,关键在于人具有合作的本性与能力,具有社会性。马克思说:"人的本质不是单个人所固有的抽象物,在其现实性上,它是一切社会关系的综合。"②那种高度丛林化、原子化的存在状态根本不是人类存在

---

① [英]亚当·斯密.国民财富的性质和原因研究(上卷)[M].北京:商务印书馆,1972:13.

② 马克思恩格斯选集.第1卷[M].北京:人民出版社,1995:56.

的常态。

在以人民为中心的发展思想中，个人与集体之间是共存融合的存在。马克思主义认为，人是各种社会关系的总和。不能割裂个人与共同体之间的关系，将其中一方单边化或者虚无化。

第一，从"抽象的人"到"现实的人"。人本主义所宣扬的"人"，是在世界之外的类似于上帝一样的存在，这意味着它把人的本质理解为脱离社会实践的抽象的人、空洞的人。而以人民为中心发展思想所关注的"人民"，是指在现实世界之内生存的人。也就是说，"人民"所指称的人，是在一定的社会场域中和特定的社会关系中从事生产生活，与自然高度内嵌的具体的类的存在，不能将其作为抽象、形式化的理解。只有从历史实践中去考察，才能探求人的本质和存在意义，脱离了人所生存的社会、历史，人的存在便是无法想象的。

第二，从"个人利益"到"集体利益"。人本主义强调个人利益的至上性，极力宣扬人的个性与私利，并把自私自利视为人的本真本性。就像费尔巴哈所认为的那样，自私"乃是人对自己的爱，即对人性本质的爱"①。从历史上看，人本主义对人的地位和个性解放的宣扬，具有打破传统社会束缚，弘扬人的自由价值的积极意义。但是人本主义在宣扬人的自由的时候，忽视了社会公共利益存在的维度，将其视为私人意向性的附庸，在现实中很容易沦为一种无视公共利益，无视人的约束的放任主义。其后果是为精致"利己主义"提供了理论辩护，从而为公共利益的流失提供机会。

"以人民为中心"发展思想遵循马克思主义基本原理，把人的本质理解为"一切社会关系的总和"。习近平指出，既不能片面强调个人利益而侵害集体利益，也不能片面强调集体利益而忽视对个人合法权益的保护。"以人民为中心"发展思想宣示了中国共产党人的价值立场，以追求人民利益至上

---

① 路德维希·费尔巴哈.费尔巴哈哲学著作选集(下卷)[M].北京:商务印书馆，1984:511.

为旨归,把实现好、维护好最广大人民的根本利益视为推进社会发展的"动力源泉",反对"极端个人主义",贬斥将自身利益凌驾于集体利益之上的行径,涤荡了人本主义私利至上的价值理念,主张个人利益与集体利益相统筹,倡导人们在为集体利益奋斗的过程中实现自己的人生价值,从根本上避免了资本主义社会所出现的人的异化、社会的异化现象,实现了对近代人本主义的超越。

第三,从"人只是目的"到"人既是目的又是手段"。近代人本主义强调人的"目的性",把人的目的性视为绝对价值,继而从根本上否认人的手段性,主张人"是作为目的本身而存在的,并不是仅仅作为手段给某个意志任意使用的"①。从理想角度,这种理论具有相当的价值,但是从现实实践角度,必须注意到人的存在本身有条件依赖性。换言之,这种理论在机理上将目的与手段的关系机械化、对立化,将手段仅仅视为目的的附属物,没有注意到二者之间的辩证关系。其结果是不能真正面对人的现实困境,有效地解决人的问题。也就是说,"人只是目的"的理想仅停留在"应然"的状态,而同"实然"无限疏离。

"以人民为中心"的发展思想突破近代人本主义对人的价值片面认识的思想藩篱,将人的目的性和手段性统一起来。"每个人是手段同时又是目的,而且只有成为手段才能达到自己的目的,只有把自己当作自我目的才能成为手段。"②只有这样,才能真正面对现实的人的具体问题,根据不同的现实条件协调目标与手段,从而避免实践的困境。换言之,只有坚持人是目的与手段的辩证统一,人的全面发展、社会的全面进步才可能从应然走向实然。

在实践意义上,在推进乡村振兴的过程中,个人与集体利益问题是一个持久性问题。例如某些地方需要进行土地流转,但是必须以规模流转为前

---

① 北大哲学系.西方哲学原著选读[M].北京:商务印书馆,1981:317.
② 马克思恩格斯全集.第46卷[M].北京:人民出版社,1979:196.

提，这就涉及个体利益与集体利益关系问题。如果坚持人本主义，那么就会出现个人利益大于一切，其结果是碎片性的小农经营无法根除，给乡村产业现代化造成障碍。因此，在实践中我们要坚持以人民为中心发展思想，妥善处理好个人利益与集体利益的关系，在保障集体利益的前提下，合理处置个别利益问题。

三、生态中心主义

近代以来，随着工业化的发展，人类征服自然和改造自然的能力不断增强，由此而造成了对于自然环境的严重破坏。作为一种拯救性回应，人们对传统的人类中心主义"征服自然"的合理性提出质疑，生态中心主义就是在这种情势下应运而生的产物。

生态中心主义的重点在于对于人类与自然关系的重构。这一重构包括两个方面：一是人的地位的下降。主张把人类从"世间万物的立法者"的神坛上拉下来，由大自然的主宰者变为大自然的普通公民，以此来解放大自然，废除"对地球的奴役"。二是自然地位的提升。自然从过去的被动的资源提供者转变为一个具有主体地位的支配者。由此而将人与自然之间的二元对立关系转变为相互融合的整体性关系。

从克服人类中心主义角度，生态中心主义在表面上有着巨大的优势。它直截了当否定了人类的主宰者地位，提出了针锋相对的观点。不过从实践角度看这一思想却有大而无当、回避问题之嫌。无论如何界定人与自然之间的关系，一个客观的难题都无法回避，那就是人要生存，必然要从自然界获取资源。这种获取过程本身具有人与生态对抗的特性，原因在于，人本身不同于其他动物，其他动物都受到严格的本能限制，缺乏后天学习能力，不能实现知识的累积和进化。也就是说，其他动物都是自然性动物。但是对于人类而言，人类的生存技能除了先天的自然禀赋之外，很大程度上来自于后天的习得、学习与交流，也就是说，人类的生存很大程度上是反自然的。正是这种反自然的生存方式决定了人与自然之间必定是二元对立关系，二者之间的对抗不可避免。

因此，生态中心主义在理论上具有根本性的错误，是建立在对人的非人性假设基础上的一种错误的推演。

首先，生态中心主义为了推翻"人是万物的尺度"的论断，不惜将其完全翻转，将生态自身当作评价万物尺度的标准。如阿尔多·利奥波德认为："一件事，只有当它有助于保持生物共同体的完整性、稳定性和完美性时，才是正确的，否则就是错误的。"①这显然违背了尺度概念的内在含义。对于人类而言，尺度是客观的，但是这种客观性必须以人的主体性在场为前提。以自然生态为尺度，等于否定人的存在本身，是根本没有意义的标准判定。

其次，生态中心主义将人存在于自然的客观事实与人服从自然的逻辑混为一谈。保尔·昂利·霍尔巴赫指出："人是自然的产物，存在于自然之中，服从自然的法则，不能超越自然。"②事实上，人作为具有主体性的存在，天然具有超越性特征。换言之，人的确存在于自然之中，但是却未必要服从自然的法则，相反，作为主体性存在，其生命的价值恰恰在于超越自然的约束，从而展现出人的自我特征。换言之，人的存在状况与人应当做什么之间并不存在天然的一致性关系。生态中心主义犯了简单类推的错误。

最后，生态中心主义认为，"所有的存在物不仅拥有平等的权利，而且拥有所有的权利"③。它将每一自然存在物都视为道德与权利的代理人，肯定其内在价值，同时又将人置于生物共同体中去论证人的生物属性，忽视了人的社会性和特殊性，抹杀了人与非人类存在物的区别，落入"万物有灵论"的神秘主义怪圈。

---

① 霍尔姆斯·罗尔斯顿.哲学走向荒野[M].刘耳，叶平，译.长春：吉林人民出版社，2000：198.

② [法]保尔·昂利·霍尔巴赫.自然的体系(下)[M].北京：商务印书馆，1964：10.

③ [美]罗德里克·弗雷泽·纳什.大自然的权利：环境伦理学史[M].青岛：青岛出版社，1999：64.

如何正确处理人与自然二者之间的关系，这既是一种理论诉求，亦是一种现实需要。以人民为中心发展思想以实践为基础，深入探析社会共同体与自然共同体的内在关联，不仅厘清了人与自然之间的关系，同时还抓住了隐藏在人与自然关系背后的人与人之间关系的本质，实现了对生态中心主义的超越，为促进人与自然和谐相处提供了基本遵循和方法引导。

第一，"以人民为中心"发展思想主张构建和谐平等的人与自然关系，反对"主奴关系论"。生态中心主义将人的地位置于自然之下，认为自然孕育人类，人类融于自然，因此人只能匍匐在自然脚下依附自然而生，不能僭越自然为人类所安排的既定秩序。生态中心主义在人与自然之间构建起一种等级尊卑的"主奴式"关系结构，认为自然是自为性存在，拥有价值自主性，而人类为依附性存在，依赖并受制于自然。

"以人民为中心"发展思想打破了人与自然这种"主奴式"关系结构，倡导构建一种和谐平等的人与自然关系，为人类形成对于自然的合理的道德态度和实施合理的实践活动提供了科学指导。以人民为中心发展思想认为，人既不在自然之上，亦不在自然之下，而在自然之中，人与自然彼此融入对方，构成一个和谐整体。

第二，以人民为中心发展思想倡导合理开发自然的新理念，反对"唯生态论"。如果说对自然胡作非为或不敢作为都是人类不当的生产生活方式，那么对自然有所作为且不胡作非为则是人类恰当的生产生活方式。在生态中心主义的话语体系中，人类要不惜"一切代价"地去保护生态环境，放弃一切利用自然、改造自然的社会实践活动。这样的理论诉求看似是解决人类生态危机的最有效方式，实则是一种违背社会发展潮流、违背历史规律的倒退性理论学说。

发展是解决一切问题的关键，也是推动人类进步的阶梯。以人民为中心发展思想认为，既不能舍弃经济发展片面强调生态优先，也不能舍弃生态保护片面强调经济发展。因此，经济发展不应是对资源和生态环境的竭泽而渔，生态环境保护也不应是舍弃经济发展的缘木求鱼。要在发展中保护，在保护中发展,倡导生态优先,实现经济发展与环境保护相协调。以人民为中心发展思想提倡合理开发自然的新理念,坚持在自然环境具备相应承载力和容纳量的前提下合理开发、有序开发,这从根本上推翻了生态中心主义关于"唯生态论"的片面观点,既为解决当前生态危机提供了应对之策,更是回应了人民对美好生活向往的殷殷期盼。

第三,以人民为中心发展思想在正确处理人与自然关系的同时,倡导着力解决人与人之间的关系,反对孤立对待人与自然的关系问题。如前所述,生态中心主义源自人们对生态危机的忧思,其关注的重点是人与自然关系而非人与人之间的关系。事实上,人与自然、人与人这两组关系是彼此关联的,影响人与自然关系的深层次因素便是人与人之间的关系。生态中心主义只看到人与自然之间的不平等,却未探究隐匿在这一不平等现象背后的仍是人与人之间的不平等,这也成为生态中心主义被人诟病的原因之一。以人民为中心发展思想则突破了这一认识局限,不仅倡导人与自然是生命共同体的理念,还倡导构建人类命运共同体,以整体思维看待人与人、人与自然的关系问题,以期实现人与人之间的关系平等以及人与自然的和谐相处。

生态中心主义对于乡村社会有着特别的吸引力,因为对于乡村振兴而言,乡村产业结构中农业始终是本业,而农业本身对于自然生态存在高度的依赖,农业的发展必须以保护自然生态为前提。不过,这并不意味着乡村发展要以生态为中心。乡村振兴的最终目的是为了人的发展,在乡村振兴中必须保护自然生态,但是不能走向极端,陷入浪漫主义,必须坚持以人民为中心的发展思想。

第二章　发展理念:五位一体

　　理念是实践的先导。乡村振兴这一伟大工程的实践推进,必须由相应的理念做指导。党的十八届五中全会提出的五位一体新发展理念,不仅是新时代中国特色社会主义现代化建设的发展理念,也是指导乡村振兴的科学理念。推进乡村振兴,必须坚持创新、协调、绿色、开放、共享的发展理念。

第一节　发展理念的内容实质

　　就其内容实质来说,新发展理念既是破解新时代中国特色社会主义建设诸多矛盾和问题的应对良方,也是符合中国国情和经济社会发展规律的科学思路,更是全球化时代的开放包容之策。当然,新发展理念同样是指导新时代乡村振兴的不二之选。

一、新发展理念的内涵

　　"党的十八大以来,无论从哪方面讲,中国的全面深化改革都处在一个攻坚推进的历史节点"①,正是基于对这一历史节点的科学应对,党的十八届五中全会提出了"五大发展新理念",即"创新、协调、绿色、开放、共享"。新发展理念的提出不仅是我国改革开放发展40多年的成功历史经验的总结,而且体现了新的中央集体运用马克思主义哲学的辩证法和系统论,坚持以问题为导向,强化顶层设计的政治智慧。

(一)创新是破解新时代发展难题的动力之源

党的十八大以来,首先针对"受制于粗放式发展、创新能力不强的难题,提出创新发展的新内涵"②。尽管40多年的改革开放取得了世人瞩目的成绩,但是这些成绩的取得建立在"大而不强的经济规模,快而不优的经济增速,依靠要素驱动、投资规模驱动的发展方式,这些都是不可持续的"③。从国际上讲,科技竞争、经济竞争一浪高过一浪,在层层迭起的大浪中,如何乘"浪"而上,而不至于淹没在浪潮之中,是我们必须直面的现实问题。从历史上讲,每次科技浪潮无疑引发国际关系的重组及部分国家的兴衰。分析其原因,我们不难看出,大国的兴衰史无疑是一部浩瀚的创新史,一次次验证了创新在国家发展中的至关重要性。根据全球发展规律,创新力是一个国家持续发展的动力之源,国家发展到成熟期不免产生内生创新力不足问题,由此引发制约经济发展的"阿喀琉斯之踵"。早在百年前,著名的经济学家约瑟夫·熊彼特曾明确指出,一个国家经济发展的根本在于不断地创新,正是这种"创造性破坏"的创新才能从根本上破除原有经济体系之"循环流转"之根基,使其经济发展呈现新质态,上位于新的发展轨道,从而实现经济的

---

① 蔡清伟.改革开放以来党对五大发展理念的阐释与丰富[J].理论导刊,2016(5):49-53.

② 蔡清伟.改革开放以来党对五大发展理念的阐释与丰富[J].理论导刊,2016(5):49-53.

③ 蔡清伟.改革开放以来党对五大发展理念的阐释与丰富[J].理论导刊,2016(5):49-53.

可持续发展①。党的十八大以来，习近平总书记高瞻远瞩，从关乎国家前途命运的战略高度，在不同的时间节点、不同的地方，用更加鲜活的话语阐述了创新对我们国家的发展是多么的重要，"创新是民族进步的灵魂，是一个国家兴旺发达的不竭源泉，也是中华民族最深沉的民族禀赋"②。党的十八届五中全会用更加丰富的话语奠定了创新在我国发展中的核心地位，明确指出要"不断推进理论创新、制度创新、科技创新、文化创新等各方面创新，让创新贯穿党和国家一切工作，让创新在全社会蔚然成风"③。一个核心地位，"四大创新"齐发力，最终到达"全社会创新"，这些新话语新论断掷地有声。只有不断地推动各方面创新，尤其是抓住科技创新这个牛鼻子，才能从根本上破解"我国这个经济大个头的阿喀琉斯之踵……如果科技创新搞不上去，发展动力就不可能实现转换"④。

（二）协调是破解发展不平衡的根本举措

改革开放之初，由于经济发展水平的整体性不高，我们选择了部分地区优先发展的地域战略部署，"一段时间内的主要任务是跑得快，但跑过一定路程后，就要注意调整关系，着重发展的整体效应"⑤。40 多年的发展中一个长期存在的问题就是发展的不平衡。这种不平衡呈现在多个方面，区域之间的"东中西"、城乡之间的贫富落差、经济与社会、经济与国防建设的不协调等。不平衡的发展必然导致一系列社会矛盾的不断加深，最终会引发"木桶效应"。协调发展是破解不平衡问题的根本举措。从唯物辩证法角度讲，协调发展追求整体性的发展，突破局部发展的屏障，以"强优势、补短板、挖潜力"为方法，追求发展的辩证性、整体性与系统性，既体现了"两点论"，

---

　　①　约瑟夫·熊彼特.经济发展理论[M].北京:商务印书馆,1991:64-105.
　　②　中共中央文献研究室.十八大以来重要文献选编.上[M].北京:中央文献出版社,2014:279.
　　③　中共中央文献研究室.十八大以来重要文献选编.中[M].北京:中央文献出版社,2016:825.
　　④　习近平谈治国理政.第二卷[M].北京:外文出版社,2017:198.
　　⑤　习近平谈治国理政.第二卷[M].北京:外文出版社,2017:198.

又坚持了"重点论"。从制度层面讲,协调发展彰显了社会主义制度的优越性。平衡整体性的发展是社会主义制度优越性的重要体现。在社会主义发展的道路上,人与人之间、区域之间、城乡之间、经济政治社会文化生态之间、物质文明与精神文明、经济建设与国防建设都应遵循协调平衡性而发展。当然这种协调发展不能简单地理解为同步性的发展,它体现的是各经济主体的自身利益在发展中达到有机平衡。从国际经验层面讲,协调发展是基于西方国家发展过程的经验教训总结,追寻经济—政治—社会—生态、物质—精神等方面均衡发展,从而铸就发展合力,实现经济社会整体性与系统性的良序发展。

(三)绿色是破解受制于人与资源生态约束发展难题的必要条件

在绿色发展理念历史话题中,我们很有必要重温并牢记恩格斯的经典名言:"我们不要过分陶醉于我们对自然界的胜利。对于每一次这样的胜利,自然界都报复了我们。每一次胜利,在第一步都确实取得了我们预期的结果,但是在第二步和第三步却有了完全不同的、出乎预料的影响,常常把第一个结果又取消了。"①无论是从最初个体人的发展,乃至后来社会性的发展都深深地根植于依赖于人类所面临的生态环境。在工业文明发展的初期,恩格斯就前瞻性地警告后人,"不要陶醉于对自然界征服的胜利",时至今日的后工业文明时代,我们深深地体会到了大自然对我们一次又一次的报复。在世界工业化发展的历史进程中,曾经一味追求物质总量的增长,不合理地索取自然资源,而忽视生态保护使人类承受了不可估量的沉痛代价的事实举不胜举。从40多年的改革历程中看,尽管我们一直重视生态环境的保护,总的来说40多年我们长期坚持的还是一种粗放型的发展模式,这种发展模式是基于对自然资源要素的过分投入,甚至以牺牲生态环境为代价来追求短期经济增长。这一模式不仅造成了资源日趋枯竭,而且使我们赖

---

① 马克思恩格斯全集.第20卷[M].北京:人民出版社,1971:519.

以生存的生态环境也遭到极大破坏,天不再蓝,水不再绿。总之,无论从国际工业化发展进程的教训看,或者从我国40多年的发展经验看,都印证了恩格斯"不要过分陶醉于我们对自然界的胜利"的经典名言,这充分说明人与自然的和谐共生才是人类发展的必由之路。因此,习近平总书记明确指出:"绿色发展,就其要义来讲,是要解决好人与自然和谐共生问题。"①习近平总书记的"两山论"用更加通俗朴实的话语阐释了绿色发展的宗旨。从恩格斯的经典名言到习近平总书记的"两山论",就是要告诉我们,在人类历史发展的进程中,我们一定要坚持人与自然和谐共生,打造人类生态命运共同体,"否则就会遭到大自然的报复,这个规律谁也无法抗拒"②。

(四)开放发展是解决内外联动问题之大道

早在180多年前,马克思就阐述了经济全球化对世界各国经济发展的影响。1978年开发战略的实施,使中国逐渐融入世界经济发展圈。40多年的开放发展不仅给我国带来了巨大的变化,而且国际经济的合作与竞争态势也正在发生深刻的变化。从国内讲,从单方面的引进,到"引进来"和"走出去"相结合,使中国与国际之间的联系日益加强。时至今日,无论就"引进来"方面看或者从"走出去"方面看,开放合作在深度、广度、节奏等方面都比过去有了深刻的改变。如果说一段时间以来,我们追求的是对外开放的"量",那么今天我们更应该在对外开放的"质"和内外联动性方面下力气做文章。毋庸讳言,在对外开放方面,我们至今仍存在一些短板,比如总体水平还不够高,两个市场、两种资源的运用能力还不够强等,应对这些问题我们必须迎难而上,在对外开放的质量上狠下功夫。从国际层面讲,一方面以美国为首的西方阵营,时不时地用他们所谓的"国际经贸规则"打压中国对外开放的进程,另一方面全球经济治理体系和规则也不断地发生深刻的变化调整,而我们运用国际经贸规则的本领还显得不够娴熟。为此,中国的对

---

① 习近平谈治国理政.第二卷[M].北京:外文出版社,2017:207.
② 习近平谈治国理政.第二卷[M].北京:外文出版社,2017:207.

外开放应以"高质量"为导向,在对外开放的高度、深度、广度方面下大功夫,不断提高内外联动性的开放本领。

(五)共享发展是破解社会公平正义问题之根本

"治天下也,必先公,公则天下平矣。"(《吕氏春秋·贵公》)改革开放之初,由于经济水平总体较低,我们从理论上寻求先富与后富的平衡支点。但从最终实践结果看,长时间内区域之间、城乡之间仍存在差距,尤其是在共享改革成果方面不公平的差距仍在拉大。长时间的不公平必然带来广大人民群众的不满意,也与社会主义制度本质相违背。造成这种差距逐渐拉大的原因是深层次的、多方面的,既有历史原因也有现实因素。从制度设计方面看,还有不完善的地方。为此,我们要秉持"以人民为中心"的理念,强化制度建设,"致力于最大公约数,坚持共享发展,着力增加全体人民的福祉",[①]一个都不能少,一个都不能落下地共同走向富裕道路。为此,要不断强化制度设计,从制度层面保障广大人民群众共享改革发展成果,只有这样才能把广大人民群众的主动性积极性充分调动起来,汇聚更加磅礴持久更深厚的推动国家发展的伟大力量。正如习近平总书记所说:"我们必须坚持发展为了人民、发展依靠人民、发展成果由人民共享,作出更有效的制度安排,使全体人民朝着共同富裕方向稳步前进,决不能出现富者累巨万,而贫者食糟糠的现象。"[②]

二、新发展理念的实质

(一)问题导向:新时代中国诸多矛盾和风险忧患的解析

1. 发展动力不足问题

科技创新能力不足是发展的最大短板。尽管中国已成为"世界制造

① 蔡清伟.改革开放以来党对五大发展理念的阐释与丰富[J].理论导刊,2016(5):49-53.

② 习近平谈治国理政.第二卷[M].北京:外文出版社,2017:200.

厂"，但多年来我国经济的增长主要靠要素驱动，劳动密集型、外向型产业占据主导地位。印着"中国制造"的一些高科技产品和设备，关键的核心技术所有权却属于发达国家。由于缺乏核心技术，不仅企业利润极其微薄，而且在一些关键性技术上受制于人。

2. 发展结构失衡问题

尽管我们党始终强调发展的系统性、协调性，但在实际中仍存在一些轻重不能兼顾的失衡问题。在长期的发展中，往往存在过分地强调效率而忽视公平，单纯追求经济的片面发展忽视社会的整体性发展，重视城市的高大上而无力投入农村的基本改造等问题，这些问题的长期存在导致发展中的一些重大关系严重失衡，一是经济社会发展失衡，二是城乡发展失衡，三是区域发展失衡，四是物质文明和精神文明的发展失衡。

3. 发展代价过高问题

我国是人口大国、资源小国，人均资源拥有量绝大部分指标低于世界平均数。但在过去几十年的发展中，资源的消耗和环境的污染是相当惊人的。改革开放40多年，国内生产总值尽管不断翻番，但每一次国内生产总值的翻番，更多的是建立在能源、矿产资源消耗增长的几何倍数，单位产值能耗高于世界平均水平的基础上。与美国、日本等经济体发达国家相比，我们单位能耗更高。拼资源、拼环境的粗放发展模式已走到尽头，转型升级迫在眉睫。

4. 周边国际环境问题

开放使我国对世界的依赖性增强。开放发展不仅需要国内稳定的环境支撑，也依赖于整个国际大环境。40多年改革开放成绩的取得，使一些别有用心的国际政要，个别贼喊捉贼的国家，颠倒黑白，四处散布"中国威胁论""中国崩溃论""中国责任论"等各种不利于中国的舆论。此外，近年来周边大国对我国南部地区的领土争夺更加激烈，海盗活动猖獗，成为我国发展的隐性风险和挑战。

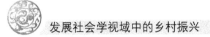

5.发展差距拉大,收入分配不公问题

改革开放以来,由于发展的基点不同、条件不同,对发展差距的控制不够得力,以致发展差距逐渐拉大。具体表现为基尼系数持续高位运行,群体收入、城乡收入、地区收入、行业收入差距日益拉大,且劳动报酬占比持续走低。由于机会不均等,企业和个人发展并不处在同一竞争起跑线上,且不平等的利益分配机制有被日益固化的趋势,由此诱发社会动荡的可能性日益增大。

(二)科学求真:新发展理念的科学文化实质

1.科学文化的求真精神与创新发展

新发展理念蕴含着科学的求真求实品质。科学文化最核心的价值追求在于坚守求真精神的品质,而求真需要我们在事物的发展过程中追求真知、真相、真理。追求真知、真相、真理不是一次简单的认知活动,而是一种复杂的不唯圣、不唯上、不从俗的理论勇气和实践创新相结合的高级实践过程。在这一实践过程中,创新精神的显著特征是时代性。"每个时代都有关于那个时代的话题……新时代催生的有关百姓日常生活的新话题都需要重新思考、阐释,并且随着现代化进程的加深,政治、经济、文化和社会等领域产生了很多新问题。"①面对这些新问题,我们既没有现成答案也没有现成的经验可借鉴,我们只有坚定科学求真的创新精神才能找到应对时代之问的确切答案。

2.科学文化的有机内涵与协调发展

从其内涵结构看,科学文化呈现为内部结构的有机性,而科学文化有机性的硬核则是以理性精神为内核的文化。知识形态的科学文化是理性精神内核文化的主要表现形态。知识形态的科学文化的内部结构相互协调、有机发展,它以遵循客观事实为逻辑起点、以科学的理性分析演绎为逻辑支撑

---

① 蔡清伟.高校思政课教师角色规范探析[J].教育评论,2020(8):114-118.

点、以坚持实践检验为逻辑立足点,在追求科学文化的整体性方面相互支撑协调有机发展。

1978 年的改革开放逐渐培育了国人的科学文化精神,使人们以科学的理性思维去分析社会发展中存在的问题。随着改革开放的一步步深入,人们对社会发展的有机协调性的认识更加科学更加理性。当代中国社会的发展应更加着重政治、经济、文化、社会与生态之间,城乡之间、区域之间,经济建设与国防建设等方面相互支持、协同推进。协调发展理念的确立,从科学文化的角度分析是科学文化有机内涵属性协调发展的体现。改革开放初期,由于贫穷落后的现实困境,尽管我们采取了沿海优先发展战略,但从整体上看,我们仍然秉持着有机协调性的发展理念,但在实践中我们在一定时期内曾偏离了这一理念。随着改革开放的深入,一些不协调问题日益凸显,使我们更加认识到了协调发展的重要性。

党的十八大以来,党中央坚持问题导向,明确提出了“五位一体”的战略总布局。“五位一体”战略总布局的确立,表明了党中央从制度设计层面破解不协调的深层次问题,同时也反映了从科学文化的有机属性出发,深入把握社会生活的整体性,促进社会整体的协调发展、系统发展理念的确立。

3. 科学文化的生态趋势与绿色发展

“同其他一切文化形式一样,科学文化在漫长的发展历程中也呈现出明显的历史性和时代性。科学文化的生态趋势折射在社会发展观中,就是绿色发展的理念。人类源于自然,从亘古苍莽的素朴绿色中走来。”①当代中国绿色发展理念的确立有丰富的科学文化内涵,它不仅继承了传统文化的生态观,而且也反映了当代中国和谐共生的文化观。天人合一是我们传统文化最朴素的生态发展观,主旨在于促进人与自然的和谐共生。我们的祖先早已认识到了生态环境的重要性,在《论语》《吕氏春秋》中都有明确的论述,

---

① 孙德忠,胡红生.论五大发展理念的科学文化品格[J].长沙理工大学学报(社会科学版),2017(3):47-51.

它告诫我们对自然的索取,要取之有度。党的十八大以来习近平总书记多次强调保护生态环境的重要性,提出了"像保护眼睛一样保护生态环境,像对待生命一样对待生态环境"①。"这种目标的设定和措施的推行,既需要人们思想观念和行为方式的转变,倡导节约集约、合理消费的社会风尚,更需要大力发展生态科学技术,弘扬生态科技文化,为绿色发展方式和生活方式提供物质技术保障。"②

4.科学文化的前进意识与开放发展

科学文化是人类历史长河不断积累的精神产品,它彰显了后人不断超越先人适应时代需要的文化品格。超前性是科学文化永续发展的固有属性。在不同的时代提出符合那个时代的新思想、新话语,创建符合那个时代的新范式。新思想、新话语和新范式的创建,"要求科学家要以更快、更高、更强的精神,超越既有的理论疆域,直赴科学前沿。超越的前提和必然要求是开放。对于一个凝滞静止、孤立无待的呆子而言,无论内在——纵向的超越,还是外在——横向的超越都是不可能的"③。中国开放发展战略的制定与实施,正是科学文化超前意识的集中体现。伴随着近代"世界贸易""世界市场""世界历史"等新话语新范式的出现,使一切国家的生产和消费都纳入世界体系之中了。面对今天经济全球化加深加快新潮流,我们今天提出对外开放新格局,顺应世界潮流,掌握发展的主动权显得尤为重要。"人类命运共同体""一带一路""两个大局""对外开放的质量和水平"等有关"开放"的新思想新观点的提出,既是我党对国际国内两个大局的深刻把握,也是对经济全球化走向的准确判断。

---

① 习近平谈治国理政.第二卷[M].北京:外文出版社,2017:200.
② 孙德忠,胡红生.论五大发展理念的科学文化品格[J].长沙理工大学学报(社会科学版),2017(3):47-51.
③ 孙德忠,胡红生.论五大发展理念的科学文化品格[J].长沙理工大学学报(社会科学版),2017(3):47-51.

5.科学文化的公有性与共享发展

科学文化是人类历史积累的公共产品。公有性是科学文化的显著特征之一,意味着科学文化是整个社会的共同产品,不属于任何个人和集体。"它不像其他任何实物财产一样,任何个人或集体都没有排他性的所有权、使用权和处置权。"①这种科学文化的公有属性与共享发展的理念高度契合。自古以来,共同富裕是我国人民的一个基本理想,"小康"社会、"大同"社会反映了我们先人共享发展的美好理念。党的十八大以来,我党提出了坚持"以人民为中心"的共享发展思想,把"人民对美好生活的向往作为党的奋斗目标",真正实现"全民共享、全面共享、共建共享、渐进共享"。实现共享发展应在两个层面下功夫,一要不断把蛋糕做大,为此要充分调动人民群众的积极性、主动性、创造性;二要把蛋糕分好,充分体现社会主义制度的优越性,增强人民群众的获得感。

(三)全球视野:世界现代化发展规律的总结借鉴

1.实施创新驱动战略,以创新占据发展主动权

科技革命和产业变革是推动国际关系重组和国家兴衰的两个"航母级"的力量,它不仅意味着重大的颠覆性创新不时出现,而且对所有国家的各个方面都会产生深刻影响,甚至改变国家力量对比,成为重塑世界政治经济结构和竞争格局的关键。世界各大国都在积极强化创新部署,如美国再工业化战略、德国工业4.0战略等应运而生。创新已经成为大国竞争的新赛场,谁主导创新,谁就能主导赛场规则和比赛进程②。

2.大力推进城乡一体化,缩小发展差距

从国际层面讲,发达国家城乡之间的外观差别已越来越小,而且城乡之间的生活质量和人的整体素质都获得了整体性发展,几乎零差别。农业生

---

①　孙德忠,胡红生.论五大发展理念的科学文化品格[J].长沙理工大学学报(社会科学版),2017(3):47-51.

②　刘延东.深入实施创新驱动发展战略[N].人民日报,2015-11-11.

产不仅已经实现了机械化,而且和工业、科技以及城市经济都已实现了一体化,城乡差别、工农差别在人们的观念中也大多消失了。与新科技革命的发展相适应,工人阶级队伍中出现了"五化"趋势,即白领化、多领化、知识化、智能化、有产化,其整体的科技、文化素质日益提高,脑力劳动与体力劳动的差别也正在逐步减弱。

3.高度关注生态环境,走绿色发展之路

1978 年,联合国环境与发展委员会通过的《我们共同的未来》,提出了"可持续发展"的概念。20 世纪 90 年代,绿色发展在学术界引起极大反响。2008 年国际金融危机促进了美、欧、日等发达国家经济刺激计划出台,其宗旨在于推动绿色经济畅通发展,美国的"绿色新政"、欧盟的"绿色经济"、日本的"绿色发展战略"相继推出。2015 年,为遏制地球灾难,全球都适用的气候保护《巴黎协议》强势出台。

4.消减贸易壁垒,通过跨国公司实现资本的全球发展

信息技术的发展浪潮催生了互联网和跨国公司层层升级,实现了资本、技术、劳动、原材料等生产要素在全球范围的最优组合。这种最优组合一步步推动了垄断资本在全球化的进一步增强,由此加快了垄断资本全球化的进程,同时强化夯实了居于全球主导产业和支柱产业的跨国公司不可动摇的垄断地位。因此,互联网的发展进一步奠定了跨国公司在经济全球化发展中的至关重要的世界经济发展的"火车头"作用,成为当之无愧的全球经济主体。

5.大力推进社会保障,实现公平发展

新世纪以来,发达资本主义国家为了缓和社会矛盾,"保持社会稳定和防止'两极分化'的扩大,相继推出最低工资限额、低收入补贴、失业接济、医疗保险、就业保障、养老保险、教育补贴等各种类型的社会保障制度。有资料表明,目前发达资本主义国家工人阶级已占全部就业人口 60% ~80% ,工

人阶级的受教育程度显著提高,生活状况也得到了明显的改善"①。

第二节　发展理念的历史演进

一、马克思主义社会发展理论

发展是人类社会最核心的基本概念,也是马克思主义理论最基本的观点之一。马克思主义哲学、政治经济学和科学社会主义三大理论体系,实质都是从不同的视角揭示人类社会"怎么发展、发展什么"的基本规律。哲学侧重于探求人类社会发展的一般规律;政治经济学侧重于阐述资本主义发展的基本规律,而科学社会主义重点描述社会主义乃至人类社会发展的基本规律。

(一)马克思、恩格斯有关发展内涵的科学阐释

1.发展的核心是人的发展

人的发展是马克思、恩格斯首先关注的核心问题。人类社会的发展"同自然界一样处于永恒发展状态,但社会发展与自然的发展不同,不是纯粹的自然历史过程,而是社会活动的主体——人的参与和能动性的发挥过程"②。马克思、恩格斯认为人类社会的发展与自然界发展的根本区别在于人类社会的发展深深地打上了"人"的烙印,其实质体现了不同时段"人的发展状况"。人类社会发展的主体是人,离开人的主体实践活动谈实践,必然陷入"唯心主义"的虚无论。换言之,没有人,何谈发展?正如马克思所说:"整个

---

① 成龙."五大发展理念"精神实质探析[J].科学社会主义,2016(1):4-8.
② 成龙."五大发展理念"精神实质探析[J].科学社会主义,2016(1):4-8.

世界历史不外是人通过人的劳动而诞生的过程,是自然界对人说来的生成过程。"①为此,马克思、恩格斯认为人的发展是发展的首要意义、最高价值追求和最终目的。

2. 发展的规律性

马克思、恩格斯认为,无论人类社会发展或者是自然界的发展,并不是一个杂乱无章的发展过程,而是遵循由低级到高级有规律的发展过程。推动这一规律的基本动力根源于贯穿于人类社会发展始终的两对基本矛盾,即生产力与生产关系的矛盾、经济基础与上层建筑的矛盾。马克思、恩格斯指出,人是人类社会发展的主体,正是人的实践活动不断改变着人自身和其所处的社会阶段。但是人的实践活动并不是一种主观意志的活动,它必须受到特定的自然和特定的社会关系的制约。恩格斯指出:"社会力量完全像自然力一样,在我们还没有认识和考虑到它们的时候,起着盲目的、强制的和破坏的作用。但是,一旦我们认识了它们,理解了它们的活动、方向和作用,那么,要使它们越来越服从我们的意志并利用它们来达到我们的目的,就完全取决于我们了。"②马克思、恩格斯从发展的规律性出发考察了人类社会发展的规律:"表现在文明进程上,就是从蒙昧、野蛮到文明的发展;表现在人与自然的关系上,就是从'人的依赖关系'到'物的依赖关系'到'个人的全面发展';表现在社会形态的变革上,就是人类社会经历原始社会、奴隶社会、封建社会、资本主义社会和共产主义社会五种形态的发展过程。"③马克思指出:"社会的物质生产力发展到一定阶段,便同它们一直在其中活动的现有生产关系或财产关系(这只是生产关系的法律用语)发生矛盾。于是这些关系便由生产力的发展变成生产力的桎梏。那时社会革命的时代就到来了。随着经济基础的变革,全部庞大的上层建筑也或慢或快地发生

---

① 马克思恩格斯全集.第42卷[M].北京:人民出版社,1979:131.
② 马克思恩格斯全集.第3卷[M].北京:人民出版社,1995:384.
③ 成龙."五大发展理念"精神实质探析[J].科学社会主义,2016(1):4-8.

变革。"①

3. 发展的物质性

马克思、恩格斯认为，发展在某种意义上表现为物质财富的增长。正是物质财富的不断增长才使人类得以生存繁衍发展。人类物质财富的增长建立在生产力水平不断提高的基础上。在人类社会的两对基本矛盾中，生产力的发展居于决定性地位，它决定着人类社会的诸方面。因此，马克思、恩格斯指出："历来为繁茂芜杂的意识形态所掩盖着的一个简单事实：人们首先必须吃、喝、住、穿，然后才能从事政治、科学、艺术、宗教等等；所以，直接的物质的生活资料的生产，因而一个民族或一个时代的一定的经济发展阶段，便构成为基础，人们的国家制度、法的观点、艺术以至宗教的观念，就是从这个基础上发展起来的，因而，也必须由这个基础来解释，而不是像过去那样做得相反。"②列宁继承发展了这一思想并进一步指出："以往的历史理论至多只是考察了人们历史活动的思想动机，而没有研究产生这些动机的原因，没有探索社会关系体系发展的客观规律性，没有把物质生产的发展程度看作这些关系的根源。"③

4. 发展是社会有机体的发展

尽管马克思、恩格斯肯定了物质资料的生产在人类社会发展中的决定性作用，但他们又同时指出，人类社会的发展是多种因素合力作用的结果。马克思、恩格斯认为人类社会的发展是一个有机统一的整体性发展，互相影响、互相协调且有机发展。恩格斯针对一些人对马克思关于革命的理论就是物质的进化论，社会的发展只是经济技术进步结果等的指责，回答道"经济因素只起到归根结底意义上的决定作用"，指出"根据唯物史观，历史过程中的决定性因素归根到底是现实生活的生产再生产。无论马克思或我都从

---

① 马克思恩格斯全集. 第 13 卷[M].北京:人民出版社,1998:8-9.
② 马克思恩格斯全集. 第 3 卷[M].北京:人民出版社,1995:574.
③ 列宁选集. 第 2 卷[M].北京:人民出版社,1995:425.

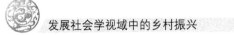

来没有肯定过比这更多的东西。如果有人在这里加以歪曲,说经济因素是唯一决定性的因素,那末他就是把这个命题变成毫无内容的、抽象的、荒诞无稽的空话。经济状况是基础,但是对历史斗争的进程发生影响并且在许多情况下主要是决定着这一斗争的形式的,还有上层建筑的各种因素:阶级斗争的各种政治形式和这个斗争的成果——由胜利了的阶级在获胜以后建立的宪法等等"①。

(二)马克思、恩格斯对如何发展的问题进行了深入探索

1.创新发展

马克思认为实践是有价值的活动,创新同时也是实践的固有属性。马克思认为人是活动的积极实践者,人类社会的发展与进步就是以创新实践为基础。通过创新实践,实现物质财富的增加,进而改变社会的生产和生活方式。马克思创新思想是与实践紧密相连的,认为突破与创新都是实践活动中不可或缺的。所谓创造性实践就是突破同质性和重复性,体现异质性和突破性特征。马克思认为,创新是对现有知识的创造,是打破常规的过程,创新的目的在于弥补事物原有的不足,因而具有革命性、批判性和建构性等特征,简单来讲,创新活动就是具有一定价值导向的创造性活动。马克思在其著作中从不同角度分析创新,没有将创新简单地理解为具有正向的价值活动,而是从人、社会、自然等多维度考量,构建创新理论的基础。在马克思看来,创新是人类特有的活动,具有实践本性,人类通过实践创造世界,同时也验证了人是有意识的类存在物。但另一方面,创新不是一般的实践活动,而是具有开创性的实践活动,需要更多的智慧,耗费更多的时间和精力,是实践活动的高级阶段,是人类本质力量的体现。

2.必须促进全面协调发展

马克思、恩格斯认为人类社会发展是诸多因素合力作用的结果,他们强

---

① 马克思恩格斯选集.第4卷[M].北京:人民出版社,1995:695-696.

调人类社会的发展是一个有机统一的整体性发展,是互相影响、互相协调的有机发展。正如马克思指出:"人们在生产中不仅仅同自然界发生关系。他们如果不以一定方式结合起来共同活动和互相交换其活动,便不能进行生产。为了进行生产,人们便发生一定的联系和关系;只有在这些社会联系和社会关系的范围内,才会有他们对自然界的关系,才会有生产。"①"这些社会联系和关系主要包括生产力与生产关系,经济基础与上层建筑,包括它们在社会经济、政治、文化领域的具体内容,还包括构成内容的各个要素以及组成各要素的各个方面,它们相互联系,内在统一。在推进经济社会的发展中,必须将上述各种因素有机结合起来,整体规划、整体部署、整体推进。同时,马克思恩格斯在阐述经济社会发展时总是既强调社会发展的重点方面,又强调其他方面;既强调物质、经济、生产力的最终决定作用,又强调生产关系、上层建筑的共同发展作用,强调人与自然、人与社会,以及社会各个因素、各个领域、各个方面的和谐发展。"②

3.绿色发展

马克思绿色发展理念的思想基点是关于人与自然同一的思想。马克思认为,"人是自然界的一部分"③。马克思同时又指出:"在人类历史中即在人类社会的形成过程中生成的自然界,是人的现实的自然界;因此,通过工业——尽管以异化的形式——形成的自然界,是真正的、人本学的自然界。"④人与自然同一的思想在马克思整个学说中有着重要的地位和分量,其鲜明的特点是马克思把劳动看成是构成人与自然关系的核心内容。马克思认为人与自然是一个不可分割的同一体。劳动在人与自然关系中居于核心地位,使这个同一体的底色深深地打上了绿色的烙印。人类创造劳动工具、使用劳动工具等简单劳动以及更复杂的脑力和体力劳动,都与人类的科技

①　马克思恩格斯全集.第6卷[M].北京:人民出版社,1972:486.
②　成龙."五大发展理念"精神实质探析[J].科学社会主义,2016(1):4-8.
③　马克思.1844年经济学哲学手稿[M].北京:人民出版社,2000:56.
④　马克思.1844年经济学哲学手稿[M].北京:人民出版社,2000:89.

生活休戚相关。马克思告诉我们,科技是人的本质的直接展现,是人的存在方式的重要方面,因此,表现为科技发展的人类劳动的最终价值趋向应该锁定在人与自然同一性本身,科技政策和路线优劣衡量的根本标准应该是人与自然和谐的绿色发展。

4. 开放发展

马克思、恩格斯是从纵向和横向两个角度探讨人类社会发展规律的。人类社会纵向发展的规律是从低级社会形态不断向高级社会形态更替;而从横向看,人类社会发展的趋势则是从民族历史向世界历史转变。社会内部和外部的交往是社会发展的重要动因。通过对人类物质生产实践的考察,马克思认为,社会基本矛盾是人类社会发展的根本动力,其中生产力是社会发展和进步的最终决定力量,而对外交往是社会发展的重要动因。马克思"将社会发展看成是一个源于社会结构的变迁而促使社会形态更替的过程"①,在他看来,任何民族的社会结构都"取决于自己的生产以及自己内部和外部的交往的发展程度"②。可见,在马克思那里,生产力和对外交往的发展促进社会结构的变迁,并由此促使社会形态更替。其中,生产力的发展具有决定作用,但对外交往也起着重要作用。

5. 共享发展

马克思在对工资、资本、地租、劳动价格等要素剖析的基础上,提出了社会发展和人的发展统一。自然主义和人道主义的统一,实现人类全面发展的共享发展理论。他认为,"社会也是由人生产的。活动和享受,无论就其内容或就其存在方式来说,都是社会的活动和社会的享受"③,这其中就蕴含了共享发展的基本要素,即社会人、社会有机体、社会活动、社会享受。接着马克思又揭示了人的发展和社会发展、社会活动和社会享受、精神发展与生

---

① 张云飞.马克思社会发展理论的结构向度[J].中国人民大学学报,2000(6):68-74.

② 马克思恩格斯文集.第1卷[M].北京:人民出版社,2009:560.

③ 马克思.1844年经济学哲学手稿[M].北京:人民出版社,2000:83.

产力发展、人道主义和自然主义等互为基础的逻辑关系。其中，人的自由全面发展是共享发展的核心价值目标；社会发展是人赖以存在的物质基础，是人类共享发展实现的前提；人类的社会活动和社会享受是共享发展的基本内容等，明晰了共享发展的基本内涵，即共享发展是以社会发展为前提基础，以劳动者共同享受劳动成果和劳动过程为内容，以人的全面发展为价值目标的理论逻辑体。

二、新中国发展理念的变革

由于时代条件和思想观念的不同，新中国成立以来，在如何发展，以及发展的具体目标以及路径有一个不断探索和深化的过程。正是在这些探索中，中国共产党的发展理念越来越成熟，越来越适合中国的国情，走出了中国特色的发展之路。

（一）改革开放前探索性发展

1.改革创新的理念

毛泽东针对苏联模式的弊端和我国片面学习苏联的教训，紧扣当时发展面临的突出矛盾，系统地提出了一套有别于苏联模式的社会主义建设方案，为全面建设社会主义奠定了理论基础。具体来说，在操作层面包括以下三个方面：一是体制改革。毛泽东针对"条条"和"块块"不衔接的问题，主张放权简政，给予地方政府更多的机动权；提倡同地方商量办事的作风；对中央部门进行分类，并精简党政机构。二是技术革命。毛泽东认为在知识分子问题上的主动远远不够，科学上没有独立性，亟待"革技术的命"。他认为技术改革是很大的改革，带革命性的，号召大家以小学生仿写的态度把国外的先进技术学过来。三是制度建设。解决制度问题比解决思想问题更重要，更带有根本性质。建立党委集体领导和个人负责相结合的管理制度，而不是搬用苏联的一长制，这是毛泽东制度建设的核心。

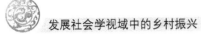

2. 平衡协调的理念

毛泽东十分注意平衡协调问题,在时间布局上,毛泽东能分清轻重缓急,善于抓重点。同时,他又用联系和发展的观点看问题,注重眼前利益和长远利益的平衡协调,强调要"算总账"。在重工业、轻工业和农业的关系上,他明确重工业是我国建设的重点,但又强调适当提高农业和轻工业的比重可以满足人民群众生活的需要,又可以更快地增加资金的积累,从而促进重工业又好又快地发展。在经济建设和国防建设的关系上,毛泽东从战略高度指出,只有经济建设发展得更快,国防建设才能够有更大的进步。在空间布局上,毛泽东在准确把握历史和现实的基础上,主张沿海的工业基地必须充分利用,但是,为了平衡工业发展的布局,内地工业也必须大力发展。

3. 绿色发展理念

首先,毛泽东十分重视人与自然的和谐共生关系,他指出:"人最初是不能将自己同外界区别的,是一个统一的宇宙观。随着人能制造较进步工具而有较进步生产,人才能逐渐使自己区别于自然界,并建立自己同自然界对立而又统一的宇宙观。"①其次,增产节约是绿色经济思想的质朴形态。"毛泽东深厚的传统文化底蕴使他深知勤俭节约的重要性。勤俭节约是中华民族的传统美德,是另一种形式的创造。节约有利于物质资源的积累和再创造,用最少的资源获得最大的经济效益和社会效益。"②最后,提出大地园林化是美化生态环境的具体构想。生态环境的好坏优劣直接影响着人类的生存和发展,美好的生态环境不仅可以给人们提供更加舒适的生活环境,而且可以提升人们生活的质量。毛泽东认为植树造林,积累绿色资产,美好生态环境,惠及民生福祉。他指出:"森林是社会主义建设的重要资源,又是农业

---

① 毛泽东文集.第3卷[M].北京:人民出版社,1996:83.
② 黄志斌,沈琳,袁蛟姣.毛泽东的绿色发展思想及时代意义[J].毛泽东邓小平理论研究,2015(8):48-52.

生产的一种保障。积极发展和保护森林,对于促进我国工农业生产具有重要意义。"①

4.开放发展理念

苏联走过的弯路不想走,苏联的教训要引以为戒,自己的经验又不足,怎么办?向国外学习。毛泽东认为这是要有一点勇气的。学习的对象不再仅仅局限于社会主义国家,而是一切民族、一切国家,尤其是将发达资本主义国家作为学习的对象。学习的内容包括政治、经济、科学、技术、文学、艺术等一切真正好的东西。学习的方法上,毛泽东强调有分析、有批判地学。对待国外的科学技术,毛泽东既反对照抄照搬同时也反对不加分析地一概排斥。毛泽东指出我们在对外开放中,往往出现两种极端的做法,一种极端是否定一切,另一种极端是邯郸学步、东施效颦照抄照搬,这两种做法都会造成极大危害,对此我们要有足够的警惕。毛泽东还指出我们要以苏联教训为戒,并不是意味着对苏联经验的全盘否定,对我们有意义的普遍真理性的东西还要继续学。在对外学习的过程中,我们要坚持谦虚谨慎的学习态度,即使我们以后发展起来了,也应如此,不能把尾巴翘起来,要有"一万年都要学习"的态度。

5.统筹兼顾的理念

统筹兼顾不仅是战争时期我党坚持的发展战略,也是新中国成立后毛泽东多次强调的发展理念。毛泽东在《论十大关系》中充分阐述了社会主义建设时期所要处理好的十大关系。《论十大关系》字字闪耀着"统筹兼顾"的思想,无论是工业布局、城乡关系、经济建设和国防、国家、生产单位和个人都必须兼顾,不能只顾一头。

(二)改革开放后新发展理念的完善与丰富

改革开放40多年来,我党基于不同时期的国内外情况,坚持实事求是、

---

① 国家林业局,中共中央文献研究室.毛泽东论林业[M].北京:中央文献出版社,2003:78.

从实际出发的思想,以解决时代问题为抓手,不断确立符合时代精神的新发展理念。在改革开放的不同时期,由于所面临的实际情况不一样,党对"创新、协调、绿色、开放、共享"发展理念的阐释呈现不同程度的差异。这种差异性的阐释一方面体现了党所面临的发展难题的不同,另一方面也反映了党对发展理念一以贯之不断探索的恒心。

1.立志改革期:新发展理念的"量"的阐释与丰富

中国的改革发端于20世纪70年代末,可以说是最基层农民倒逼的结果。这一行动从安徽一个名不见经传的小岗村,很快席卷全国,并引发中国顶层不同凡响的争论,最终以邓小平为代表的中共高层一锤定音,赋予改革的合法的制度性。"从中共十一届三中全会到中共十三届四中全会是以邓小平为核心的第二代领导集体开创的立志改革期。"①

安徽小岗村的"分田"行动,从直接利益讲是要解决吃饭的问题,它首先是关乎物质层面的经济问题,但是从更深层次讲也是关乎中共执政合法性的政治大事。对此,美国学者指出,"70年代的种种事件严重侵蚀了中共的合法性,因此必须要为党的领导权找到新的信任源泉。邓确信这个源泉就是为民众谋取更多更好的利益,并说党唯一的希望就是能一贯地'履行诺言'的功利主义原则"②。物质资料的生产是人类社会存在发展的决定性条件,党执政的合法性在于首先必须满足人们物质生活的基本需要。以邓小平为主导的最高决策者认为"贫穷不是社会主义",消灭贫穷,改革是唯一出路。"改革!改革!改革!"这需要极大的"理论勇气"和"政治智慧"。党的十一届三中全会唱响了中国改革开放的主旋律,自此,在邓小平的大力支持下,"中国开始了迄今为止任何社会主义国家都曾试图从事的影响最深远、

---

① 蔡清伟.改革开放以来党对五大发展理念的阐释与丰富[J].理论导刊,2016(5):49-53.

② [美]李侃如.治理中国:从革命到改革[M].胡国成,赵梅,译.北京:中国社会科学出版社,2010:142.

最为系统的改革"①。

从国家层面,十一届三中全会开启了中国改革开放的历程,而作为中国改革开放的总设计师,邓小平以极高的政治智慧掌舵改革开放的大方向。"使他更加坚定地、专心致志地引导推动中国向改革开放和经济发展的新方向发展。"②改革开放初期,邓小平以"摸着石头过河"的坚定决心推动着改革开放一步步向前推进,他多次指出,除非发生大规模的战争,我们的改革步伐就不能止步。邓小平指出,首先要解决人民群众的温饱问题,然后一步步实现中国繁荣富强的中国复兴梦,为此我们就必须加强技术的革新,提高社会的经济效益。"邓小平在很多场合表达了'我们现在还很穷'的紧迫感和危机感。因为我们很穷,在国际上我们不能有更多的贡献;因为穷,我们不能更好地满足人民的基本需要,致使社会主义制度的优越性也难以在国际国内上展现出来。中国人穷怕了,穷则思变,社会主义'要脱穷',就必须牢牢主抓'发展'这个中心。"只有经济的快速发展,才能更好地满足人民对物质文化的不断需求,社会主义的优越性也才能得以充分展现,进而提升我们在国际的经济地位。"发展是解决中国所有问题的关键,发展才是硬道理。邓小平十一届三中全会后奠定的'发展就是硬道理'的思想孕育蕴含了丰富的'五大发展理念'的思想。"③

改革开放必须冲破"怕富"的旧观念、旧思想,为此必须进行思想层面的再解放,使人民树立"发展致富"的新理念,充分释放广大劳动人民主人翁的积极性。邓小平指出要进一步解放生产力,而生产力中最活跃的因素不是物,而是人,只有把人的积极性充分调动起来了,才能从根本上解放生产力。

---

① [美]李侃如.治理中国:从革命到改革[M].胡国成,赵梅,译.北京:中国社会科学出版社,2010:139.

② 蔡清伟.改革开放以来党对五大发展理念的阐释与丰富[J].理论导刊,2016(5):49-53.

③ 蔡清伟.改革开放以来党对五大发展理念的阐释与丰富[J].理论导刊,2016(5):49-53.

"但这里所讲的人不同于石器时代,青铜器时代,铁器时代,十七、十八世纪的人,而是用科学知识武装起来的特定时代特色的人。"①邓小平不仅充分肯定了人是生产力中最活跃的因素,而且多次强调了科学技术在发展中的至关重要作用。改革开放初期,邓小平就明确指出,马克思主义历来认为,科学技术就是生产力②。时隔十年(1988年)又把科学技术赋予"第一生产力"的桂冠③。"历时10年探索的'第一生产力论'不仅是对一百多年世界科学技术发展和社会变革历史的深刻总结,也是对当代科技驱动创新发展理念的最深刻的理论回应。"④邓小平指出:提高我国的科学技术关键在于我们自己,在于我们自己的努力,在于我们自己的不断创造,这是邓小平给我们指出的提高科学技术生产力的科学之道。同时,邓小平指出,我们也要向国外先进的东西学习,对外国的先进技术不仅要学会,而且要"提高创新"⑤,一方面要加大科技创新,另一方面要加强人才的不断创新,"干革命、搞建设,都要有一批勇于思考、勇于探索、勇于创新的闯将"⑥。

协调、共享发展是邓小平在立志推动改革时期多次强调的发展理念。在改革开放初期,邓小平就明确提出"先富""帮富""共富"的发展理念。这种发展理念恰恰体现了邓小平协调发展与共享发展辩证统一的发展理念。改革的最终目标使所有的地区所有的人都走上小康之路,如果改革导致了两极分化,那么说明改革没有成功。共同富裕是改革的目标导向,"但共同富裕不能走同步富裕的道路,在承认人个体的差异性和地区条件多样性的前提下,可以使一部分人、一部分地区先富起来,然后再协调其他人和其他

---

① 蔡清伟.改革开放以来党对五大发展理念的阐释与丰富[J].理论导刊,2016(5):49-53.

② 邓小平文选.第二卷[M].北京:人民出版社,1994:87.

③ 邓小平文选.第三卷[M].北京:人民出版社,1993:274.

④ 蔡清伟.改革开放以来党对五大发展理念的阐释与丰富[J].理论导刊,2016(5):49-53.

⑤ 邓小平文选.第二卷[M].北京:人民出版社,1994:129.

⑥ 邓小平文选.第二卷[M].北京:人民出版社,1994:143.

地区都富裕起来，可见协调发展是共享发展的手段，而最终共享富裕是目的"①。

邓小平认为协调发展不仅指地区之间、城乡之间、人与人之间的协调发展，而且还包括人、社会与自然环境之间的协调发展。"经济发展要与人口、资源环境的关系相协调发展的思想蕴涵了丰富的'绿色发展'的理念。"②邓小平认为中国的发展要深刻谨记"中国底子薄，人口多"。所谓"底子薄"，不仅指改革初期经济落后，而且更深层次的意思是，中国人口可占比的资源"底子薄"。因此，中国的发展一定要自始至终地重视环境保护，而不能以牺牲环境为代价。无视环境保护的发展最终会受到大自然的惩罚，是不可持续的发展。1979 年，邓小平针对桂林风景区被严重污染的情况指出，"要保护风景区。桂林那样好的山水，被一个工厂在那里严重污染，要把它关掉"③。并强调生态环境保护要建立在法制轨道上，为此，相关部门制定出台了一系列保护生态环境的法律法规。除此之外，邓小平认为，一方面要加强对人民的思想教育，让人们认识到环境保护的重要性，另一方面要借助于科技的力量进行生态环境的保护，"解决农村能源、保护生态环境等等，都要靠科学"④。1984 年环境保护升级为基本国策。

"改革和开放是推动中国发展的两个巨轮，因此开放性发展是邓小平改革开创时期，重笔所写，立志坚定要做的事情。"⑤有关开放发展理念的论述在邓小平的文章和讲话中可见一斑。在改革开放初期，"引进来"不仅是要

① 蔡清伟.改革开放以来党对五大发展理念的阐释与丰富[J].理论导刊,2016(5):49-53.

② 蔡清伟.改革开放以来党对五大发展理念的阐释与丰富[J].理论导刊,2016(5):49-53.

③ 国家环境保护总局,中共中央文献研究室.新时期环境保护重要文献选编[M].中央文献出版社,2001:19.

④ 国家环境保护总局,中共中央文献研究室.新时期环境保护重要文献选编[M].中央文献出版社,2001:34.

⑤ 蔡清伟.改革开放以来党对五大发展理念的阐释与丰富[J].理论导刊,2016(5):49-53.

吸引外资,而且同时要学习外国的先进技术。邓小平认为中国不仅"缺钱"而且"缺技术",正是我们技术的落后,制约着我们的经济发展水平。为此,破除我们经济发展的瓶颈,必须大力引进外国的先进技术,这不是一个权宜之计,而应该成为我们长期发展的基本战略。"在邓小平'中国的发展离不开世界'的开放发展理念指引下,我国已经形成了一个全方位、多层次、宽领域的对外开放格局。"①

2.加快改革期:五大发展理念的"质"的阐释与丰富

20世纪80年代末,党成功地完成了领导集体的新老交替,以江泽民为核心的党中央,以坚定的政治立场,成功地稳住了改革和发展的大局,打破了国内外一些别有用心的人的企图,使我们党在"政治风波"中经历了考验。"中国的社会主义制度经受住了严峻的考验,显示了强大的生命力。"②这次风波过后,我党更加坚定了改革发展的政治决心,同时也加快了改革开放的步伐。

党的十四大明确提出,今后的一段时期内是"加快发展的好时机"③。这意味着中国的改革开放开始提速前行。"十四大把'加快改革开放'定为以后发展的主打音符。提出了国民经济发展既要求有较高的发展速度又要有较好的效益,要改变过去传统的发展老路。毫无疑问,邓小平的发展观在其理论指导思想上是全面的科学的,既突出重点,又强调全面协调发展。"④我们知道,由于我们中国的底子薄,科学技术又相对落后,在长期的改革开放的实践中我们仍然是传统的"四高一低"的粗放扩张型发展道路。这条发展道路是一条高能耗且使生态环境污染破坏严重的不可持续的发展道路。

---

① 蔡清伟.改革开放以来党对五大发展理念的阐释与丰富[J].理论导刊,2016(5):49-53.

② 江泽民文选.第一卷[M].北京:人民出版社,2006:211.

③ 江泽民文选.第一卷[M].北京:人民出版社,2006:211.

④ 蔡清伟.改革开放以来党对五大发展理念的阐释与丰富[J].理论导刊,2016(5):49-53.

"我们知道工业革命以来,单纯强调经济增长的传统发展理念创造了一个全新的工业社会,但也引发了全球性的问题接踵而至,如全球性的生态危机、能源资源危机、贫富差距拉大等。"①以江泽民为核心的党中央在认真总结国内外发展经验,尤其是我国发展道路的深刻经验教训,充分认识到我们必须改变原来的发展思路,开辟一条新的发展道路,探寻可持续的发展模式,树立新的可持续发展理念。

改革开放之初,由于各种原因,我们走的是一条"量化"的发展模式,强调发展速度的重要性,这种模式对于当时解决人民群众的温饱问题起到了至关重要的作用。"在经济方面,中国人均实际国内生产总值在改革的最初十年里增加了一倍多,即使起点较低,这仍然是一个惊人的成就"②,但这种发展道路也给我们带来了必须解决的一些问题,要求我们改变改革开放初期一段时期内,单纯以追求"产值、产量"的发展理念,树立"求质"的新的发展理念,这就要求我们处理好速度、质量和数量及效益之间的辩证关系。这就意味着要把发展理念锁定在"质"的提升高度,而不再片面地去追求"量的扩张"。在提升发展的"质"的内涵方面,以江泽民为核心的党中央重点关注了以下几个方面的问题。首先,在发展道路上更加强调整体性的协调发展。整体性的协调发展更加关注的是地区之间、不同阶层之间、城乡之间的协调性发展,更加重视社会、人口、生态环境的协调性发展。"把经济、社会、资源与环境视为一个不可分割的统一体,把协调发展的'质'提升到经济——社会——资源环境'三位一体'的整体的长期持续发展。"③新的"三位一体"的协调性发展理念克服了原来的片面强调经济增长指标的理念,树立"经济、

①　蔡清伟.改革开放以来党对五大发展理念的阐释与丰富[J].理论导刊,2016(5):49-53.

②　[美]李侃如.治理中国:从革命到改革[M].胡国成,赵梅,译.北京:中国社会科学出版社,2010:140-141.

③　蔡清伟.改革开放以来党对五大发展理念的阐释与丰富[J].理论导刊,2016(5):49-53.

社会和环境"全方位协调性发展的新理念。其次,在发展理念上更加强调生态发展的重要性地位。生态发展理念最早源于环境保护。20世纪90年代后,由于"粗放型"的对资源过分索取的发展,使我国的生态环境遭到严重破坏,加强环境的保护也日益受到以江泽民为核心党中央的重视。从1991年起,"中央每年在'两会'期间都要召开座谈会研究部署经济社会和人口资源环境协调发展的问题"①。一种"控制人口、节约资源、保护环境"的发展道路、发展模式、发展理念渐渐凸显其重要性。这就意味着我们党正在克服片面追求"物质最大化"的发展理念,从而逐渐确立"人口、资源"生态保护的绿色发展理念。这种发展理念更加强调"人与自然的和谐发展",在此基础上才能更好地满足人的生活质量和社会发展质量的提高。再者,把创新发展视为可持续发展的不竭动力,把创新发展提升到关乎国家民族利益的高度。最后,规划开放性发展的新蓝图,从开放初期的"引进来",更加强调"引进来"和"走出去"相结合的开放模式。

3. 深化改革期:五大发展理念的"度"的阐释与丰富

特定的环境孕育特定的发展理念,从改革长期的"量的扩展性"的发展到"质的提升"发展理念的确立,说明了我们党对发展理念的认识越来越深刻。"中国经过20多年的改革,解决了中国人的温饱问题,21世纪后中国迈入一个新的历史发展阶段,党在新的历史发展阶段,站在新的历史起点上提出了全面建设小康社会的新任务新要求。中国20多年的改革,也使党对'三大规律'的认识越来越深刻,在几代中央领导集体'坚持走自己道路'的一以贯之的探索中,中国特色的发展理念不断趋于丰富完善。"②以胡锦涛为总书记的党中央在进入新世纪后,明确提出了"科学发展"的新理念,"它既体现了执政党对以往发展观和生活实践的深刻反思,也充分体现了党对未

---

① 江泽民文选.第三卷[M].北京:人民出版社,2006:461.
② 蔡清伟.改革开放以来党对五大发展理念的阐释与丰富[J].理论导刊,2016(5):49-53.

来中国发展战略思维的再次转换"①。科学发展理念的提出标志着我们党对"五大发展理念"的内涵认识越来越深刻。

其一,把提高自主创新能力,建设创新型国家,提升到国家发展战略的核心地位。一个国家的发展、一个民族的振兴,根本出路在创新。从改革之初邓小平提出的科技创新到江泽民提出的创新在国家民族发展中的战略地位,一步步彰显了创新的重要性。进入新世纪以来,科学技术在综合国力中的核心地位更加凸显。为此,胡锦涛总书记站在新的历史起点上,对"创新发展"提出了新的内涵,明确提出了"自主创新""创新性国家"等主题词,党的十七大第一次把"提高自主创新能力,建设创新型国家"提升到国家发展战略的核心地位。

其二,更加强调发展的协调性。科学发展观坚持"以人为核心",从而实现"人与自然、人与社会"的协调性发展。在发展布局上着重和谐互动、内在协调的整体性发展,不仅重视经济的发展,而且重视文化、社会和生态的内在协调发展,为此明确提出了"四个文明"的整体性发展。协调性发展还体现在增长范式层面,以及区域之间、城乡之间的整体性发展,不仅如此,还站在世界的高度,从世界的持久和平与稳定的层面强调协调发展的世界意义。

其三,更加强调绿色发展的重要性,赋予绿色发展更加丰富的内涵。新世纪初,绿色发展理念越来越受到国际学界的关注。以胡锦涛为总书记的党中央对绿色发展的重要性的认识也越来越深刻,为绿色发展的内涵赋予了更新的内容,提出了建设"节约型社会""环境友好型社会",促进经济与自然良性循环的新论断。2010年6月,胡锦涛第一次明确阐述了绿色发展的内涵,"绿色发展,就是要发展环境友好型产业,降低能耗和物耗,保护和修复生态环境,发展循环经济和低碳技术,使经济社会发展与自然相协调"②。

---

① 赵继伦.科学发展观的历史语境与理论诉求[J].理论前沿,2008(2):19-21.

② 中共中央文献研究室.十七大以来重要文献选编(中)[M].北京:中央文献出版社,2011:747.

其四,在对外开发的广度和深度方面狠下功夫,不断提高开放型经济水平。胡锦涛要求全党要提高开放发展的新本领。要求全党要审时度势,认真把握好国际和国内两种形势,利用好国际和国内两个资源。胡锦涛还重点强调了要从制度上保障开放的有序开展,建立更加科学化、透明化、法制化的开放管理体制。

其五,明确提出了共享发展的理念。新世纪以来,尽管经济总量的蛋糕逐渐做大,但是贫富差距也逐渐拉大。差距的逐渐拉大必然影响改革的顺利进行,这也与改革的初衷相违背,不利于社会的和谐发展,使社会主义制度的优越性难以体现。鉴于此,以胡锦涛为总书记的党中央明确提出了构建社会主义和谐社会的新思想,十六届五中全会在党的政治报告中首次明确提出了"更加着重社会公平,使全体人民共享改革发展的成果"①。

4. 全面深化改革期:五大发展理念的成熟定型

"十八大以来,无论从哪方面讲,中国的全面深化改革都处在一个攻坚的历史节点:一方面,发展仍然是中国特色社会主义不可动摇的中心任务,需要在新的历史特点的伟大斗争中寻求'更高质量、更有效率、更加公平、更可持续的发展'②;另一方面,当前制约发展的诸多因素已非改革开放初期同日而语,需要在新的基础上破解发展难题,厚植发展优势,树立新的发展理念。"③基于这样的发展思想,党的十八大以来,以习近平为核心的党中央,坚持以发展中的问题为导向,在党的十八届五中全会上首次提出了新的发展理念,即"创新、协调、绿色、开放、共享"五大发展新理念。这不仅是新的中央集体智慧的结晶,同时更为以后的发展开辟了新的道路,为解决发展中的

---

① 中共中央文献研究室.十六大以来重要文献选编(中)[M].北京:中央文献出版社,2008:1064.

② 中共中央关于制定国民经济和社会发展第十三个五年规划的建议[N].光明日报,2015-11-4(1、6、7).

③ 蔡清伟.改革开放以来党对五大发展理念的阐释与丰富[J].理论导刊,2016(5):49-53.

实际问题和发展难题，提供了新的方案。

40多年的改革开放，我们战胜了一个个困难险阻，取得了令世人瞩目的成绩。尽管如此，中国的改革开放面临的最大国情仍然是处于社会主义初级阶段，这是新一届党中央在成绩面前对改革开放所处的环境最为清醒的认识。习近平总书记在不同时间不同地点多次表达了中国的改革开放不能脱离于社会主义初级阶段这个最大国情、最大实际的观点。立足最大国情、最大实际，这一思想内涵丰富、寓意深刻。首先，它要求我们"五大建设"都要立足于社会主义初级阶段；其次，它要求我们长期立足于这个最大实际，即使全面建成小康社会完成时仍然要长期坚持下去；最后，它要求我们不仅在现实工作中立足这个最大国情，而且在谋划长远发展时更要立足这个最大实际。正是基于社会主义初级阶段这个最大国情、最大实际，我们党提出了新的发展理念。从发展是硬道理、发展是党执政治国的第一要务，到科学发展观，说明了我们党对发展理念的认识不断深刻。但是，任何人只能做到历史容许他做到的，对此，我们不能苛求于前贤。不能否认，也无法否认改革开放取得的巨大成就，同时，改革开放40多年沉积的根本性问题依然突出，进一步发展中产生的新问题更加复杂，诸多矛盾叠加、风险忧患增多，我们处于全面深化改革的攻坚阶段。

五大发展理念的提出对于破解发展中的问题提供了新的发展模式、思路、方法，对于破解现实问题意义重大。

其一，破解受制于粗放式发展，创新能力不强的难题，提出创新发展的新内涵。创新一直是几代中共领导集体关注的重点问题，从邓小平的"科学技术是第一生产力"，到江泽民提出的"创新是发展的永续动力"，再到胡锦涛总书记阐述的"自主创新"，无疑表达了我党对创新的认识的逐步深刻化。习近平总书记立足于新时代，赋予了创新更加丰富的时代内涵，提出了"人才创新""制度创新""理论创新""实践创新"，党的十八届五中全会更加明确提出"创新是引领发展的第一动力。必须把创新发展摆在国家发展全局

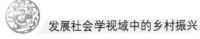

的核心位置"①。

其二,为破解发展的不平衡、不协调的难题,提出协调发展的新内涵。发展的不平衡不协调仍然是全面深化改革时期党所面临的最大难题之一。收入差距不合理的拉大妨碍着全面建成小康社会的进程,基尼系数警戒线一直呈现高涨不落。"城乡居民收入不仅在绝对值上有所扩大,而且在相对值上也呈现出不断扩大的趋势。"②为此,习近平总书记提出要从政策上破解发展中的不平衡难题,实施精准扶贫行动,着力形成平衡发展结构。

其三,破解受制于资源和生态约束发展的难题,提出绿色发展的新内涵。改革开放以来,虽然我们也一直重视保护生态环境,但总体上我国仍然是一个生态脆弱的国家,改善生态任重而道远。党的十八大后,我们以破解资源和生态约束发展的问题为导向,不断彰显加强生态文明建设的坚定意志和坚强决心,不断丰富绿色发展的内涵。认识到绿色发展就是保护生产力和发展生产力,要牢固树立生态红线的概念,要用最严格的制度、最严密的法治推动绿色发展。③

其四,丰富经济全球化倒逼机制下的开放发展的新内涵,着力实现合作共赢的新局面。新时代,经济全球化的"双刃剑"的效应更加凸显,一方面为我们的改革开放提供了更多的国际发展机遇,另一方面也给我们带来了更多的发展难题,尤其是以美国为首的国家不断地给我们使绊,企图阻碍改革开放的进程。另外,在高新技术领域和新型服务业领域,我们面临着西方各种无形的封锁。这就要求我们以更大的政治智慧,树立新的开放格局,推动开放在更大范围、更宽领域、更深层次上有所新作为。

---

① 中共中央关于制定国民经济和社会发展第十三个五年规划的建议[N].光明日报,2015-11-4(1、6、7).

② 侯为民.全面深化改革的历史节点意义与基本内涵[J].毛泽东邓小平理论研究,2015(4):16-23.

③ 蔡清伟.改革开放以来党对五大发展理念的阐释与丰富[J].理论导刊,2016(5):49-53.

其五，"致力于最大公约数，坚持共享发展，着力增进人民富祉。人民群众是推动历史前进的不竭动力。中国40年的改革，从本质上讲，是人民群众的集体选择的结果，这种集体选择表达了大多数人的利益，体现了历史的合力"①。正如习近平指出的，"把最大公约数找出来，在改革开放上形成聚焦，做事就能事半功倍"②。

第三节　发展理念的实践价值

理念的最终价值在于指导实践。新发展理念从发展的内驱动力、内在要求、生态诉求和价值目标等层面，为乡村振兴提供切实可行的实践指导。

一、乡村振兴的内驱动力：创新发展

（一）创新农村生态科技

40多年的改革开放，中国农村的生产力获得了极大的解放，机械化水平显著提高。乡村发展的实践证明，科技是推动乡村文明得以前进的基础动力。当前乡村振兴一个亟待解决的问题是资源环境生态保护问题。农村科技落后导致了农村资源生态保护脆弱性，加上工业对农村自然资源的扩张性开采，使农村的生态环境遭到了进一步的破坏。解决这些问题，不仅要树立生态保护的理念，而且要从科技创新层面解决这些问题。换言之，科技创新是解决农村资源环境生态问题的根本驱动力。一方面科技创新驱动为乡村能源资源保驾护航。在乡村发展中最基本的资源是土地、水。对土地资

---

① 蔡清伟.改革开放以来党对五大发展理念的阐释与丰富[J].理论导刊,2016(5):49-53.

② 中共中央关于全面深化改革若干重大问题的决定[N].人民日报,2013-11-16.

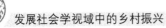

源、水资源的循环利用、效能提升及其资源的合理运用都离不开科技创新。当前农村科技创新还是个短板,科技创新推广和运用更是个短板,怎样解决这些短板是今后一个时期乡村振兴必须重点解决的问题之一。另一方面科技创新驱动为乡村生态环境保护提供科技保障。当前乡村发展水污染、土壤污染、垃圾污染比较严重,解决这些污染的主要抓手就是科技创新。

(二)创新农业生产科技

"农业依然是多数农村发展的重要产业,发展农业生产一靠政策、二靠科技,农业科技创新是农业发展的重要支撑。长期以来,我国农业科技创新不受重视,农业科技创新能力水平较低,使农业发展付出了巨大资源环境代价。"①现代农业是乡村振兴的根本保障,而现代农业的发展依赖于乡村科技的创新。从世界各国农业发展的经验层面讲,农业发展的根本在于科技的不断创新。世界范围的新一轮科技革命不仅给工业文明带来了更多发展的契机,同时也为农业转型升级注入了更加强劲的驱动力。乡村振兴的关键在于能否抓住新一轮的科技创新机遇,从而推动农业的转型升级,使科技创新贯穿到农业生产各方面与全过程。一方面要推动农业科技创新的自主性,另一方面要重点在生物育种、农机装备、绿色增产等方面开展技术创新、科技攻关。在生态农业、绿色农业、低碳农业以及农业清洁生产、绿色生产、循环生产等方面加大技术创新力度,大力推进"互联网+现代农业",应用物联网、云计算、大数据等现代信息技术推动农业生产链改造升级,推广一批节肥、节药、节水、节能的绿色农业生产技术,不断提高农业生产机械化、自动化、信息化水平,加紧培养综合素质高、掌握现代技术、具有绿色意识的新型职业农民,将现代农业发展成为一个高新科技产业,让农业发展成为充满希望的朝阳产业。当前,乡村旅游是国内旅游休闲主战场和旅游就业主渠道,发展乡村旅游可以借助"互联网+旅游",推动旅游业线上线下、城乡资源

---

① 黄娟.五大发展理念:美丽乡村建设的根本指导思想[J].求实,2016(12):78-86.

要素整合,实现跨产业融合,在全国打造更多智慧景区与智慧旅游乡村。①

（三）创新农民生活科技

更好地满足农民对美好生活的向往是乡村振兴的出发点与落脚点,只有把农业的科技创新放在更加重要的地位,才能更好地满足农民对美好生活的需求。以互联网为例,互联网的发展提高了乡村农民生活水平。"中国互联网络信息中心(CNNIC)发布《2015 年农村互联网发展状况研究报告》显示,截至 2015 年 12 月,中国农村网民规模达到 1.95 亿,相比 2014 年底增长1694 万,年增长率为 9.5%。"②就乡村发展实践状况而言,信息技术在乡村振兴中发挥着越来越重要的作用。一些省市县为有效实施乡村振兴战略,启动了"智乡村振兴战略"。当然,相对于城市居民生活而言,农民生活还有诸多不便;相对于美好生活理想而言,目前城乡生活还有不小差距;相对于城市居民使用而言,目前村民使用互联网比例较低。改变这些现状必须依靠科技创新驱动,需要广大科技工作者深入农民生活,了解农民对物质生活、精神生活、社会生活以及绿色出行、绿色住房、绿色消费等多方面的需求,有针对性地开发并推广服务于农民生活水平的新科技与新产品,为加快推进乡村振兴战略作出贡献。③

二、乡村振兴的内在要求:协调发展

协调整体性发展是乡村振兴的内在要求,乡村振兴必须保持均衡性发展而不能导致振兴发展中的失衡或失调。新时代以来,困扰乡村振兴的不仅是城乡发展中的不协调,还存在乡村区域之间的不协调以及乡村内在的

---

① 黄娟.五大发展理念:美丽乡村建设的根本指导思想[J].求实,2016(12):78-86.

② 2015 年农村互联网发展状况研究报告.中国互联网络信息中心. http://www. cnnic. net. cn/hlwfzyj/hlwxzbg/ncbg/201608/t20160829_54453. htm

③ 黄娟.五大发展理念:美丽乡村建设的根本指导思想[J].求实,2016(12):78-86.

经济、政治、文化、社会、生态之间的不协调等。这些不协调问题的存在制约着乡村振兴的可持续发展。

（一）协调乡村与城市发展

40多年来的改革开放，尽管城乡整体性都得到了发展，且无论是城市还是乡村都发生了巨大的变化，但是从宏观上讲，城市和乡村的差距不仅没有缩小，甚至出现了"欧洲的城市"与"非洲的农村"的极大反差，而且呈现进一步拉大的趋势。分析其原因是多方面的，其中一个不能忽视的原因是分割式的发展，也就是说没有把城市和农村作为一个统一的社会系统协调发展，而是在较长一段时间内以牺牲乡村为代价支撑着城市的发展。著名社会学家莫森·莫斯塔法维指出，在可持续发展进程中，必须保持协调整体性的发展观，要把城市和乡村同时纳入一个完整的社会生态系统，依据城市和乡村自身的特点和优势，才能创造出一个和谐、高效、绿色、城乡共荣的人类栖居环境①。从城乡关系的角度来讲，乡村振兴本质在于不断地缩小城乡之间的差距，提升乡村发展的质量。这就要求从根本上改变固有的重城市轻乡村的发展理念。协调城乡发展既要防止城乡二元化的发展模式，也要杜绝所谓的一体化发展，导致城市不再是城市，乡村也不再是乡村。在城乡协调发展中仍然要保持城市的摩登本体，农村的乡土情缘。在城乡协调发展中要采取"双轮驱动"即新型城镇化与新农村建设，各项神通相互促进，只有这样才能使城市生活更加美好，乡村生活更加令人向往。

（二）协调不同区域发展

区域发展不平衡是我国经济社会发展的一大问题，发展不能是这一部分像欧洲，那一部分像非洲，而是要地区协调。就当前而言，我国不同地区的乡村建设与发展极不平衡，不同区域的乡村建设水平不尽相同。必须看

---

① 九溪翁，王龙泉.再崛起：中国乡村农业发展道路与方向[M].北京：企业管理出版社，2015：98.

到，我国乡村发展情况不容乐观：既有美得让人心醉的乡村，也有丑得让人心碎的乡村；马路边是美丽乡村，山里头是丑陋乡村；少数村是美丽乡村，多数村是落后乡村。美丽乡村示范村大多位于区位条件优越的地方，本身具备良好的进行商业开发的自然条件。一些乡镇集中人财物打造美丽乡村示范点，结果是点了一盏灯，黑了一大片。建设美丽乡村必须坚持协调发展，既要在全国合理布局美丽乡村示范点，也要合理规划美丽乡村建设区域发展。①

（三）乡村内在协调性发展

乡村振兴的内在协调发展体现在乡村内部体系的经济、政治、文化、社会和生态协调性发展。乡村振兴不仅仅是经济层面的物质极大丰富，而且还体现在政治文化精神方面的内涵提升。如果片面地追求物质刺激性的发展，其最终结果必然是"土著"式的爆发性发展，失去了发展的"精神内涵"。"精神内涵"缺失性发展必然导致乡村振兴的不可持续。诚然，经历改革40多年春风化雨的农村，物质生活水平得到了极大的提升，但精神文化的内涵素养仍然是个短板。乡村公共设施的稀缺性很大程度上制约着乡村文化的发展，即使某些乡村有点缀性的公共设施，但后续的维修保养仍不能配套。乡村振兴一方面要体现在乡村文化内涵的提升，另一方面也体现在"乡村人"的全面性发展。当前"乡村人"的全面性发展仍然是个短板，"乡村人"是推动乡村发展的主动力，但是乡村能人流失比较严重，农村老人化、空心化普遍性存在，必然制约着乡村发展的可持续。另外，乡村的内在协调发展还体现在乡村的"五大建设"的一体化，即"经济建设、政治建设、文化建设、社会建设和生态文明建设"的协调发展。

---

① 黄娟. 五大发展理念：美丽乡村建设的根本指导思想［J］. 求实，2016（12）：78－86.

三、乡村振兴的生态诉求：绿色发展

绿色发展是乡村振兴的永续生态诉求，它不仅涉及乡村社会与自然社会的和谐问题，也涉及怎样保护乡村的乡土资源，开辟一条绿色生产的现代化之路，"乡村人"绿色生活的高质量的新道路新模式新方法。

（一）保护绿色生态环境

自然条件的优劣对乡村振兴发展极为重要，它是乡村发展的天然屏障。绿色生态环境是乡村可持续发展的必要条件，乡村振兴必须坚持生态优先，保护好自然资源与生态环境。一是资源绿色化。针对当前制约农村发展的水、耕地、能源资源等瓶颈，应节约集约高效利用水、土地、能源资源，合理开发利用可再生资源和能源，推动资源开发利用绿色化改造，建设节水型、节地型、节能型新农村。二是环境绿色化。面对农村环境污染加剧、农业超过工业成为最大污染源等问题，要加强水污染、土壤污染、垃圾污染等综合防治，加大农村改水改厕、垃圾处理力度，推进生活垃圾、污水等废弃物资源化利用，实施农村生活垃圾治理专项行动和清洁河道行动，有效改善农村人居环境。① 三是生态绿色化。"一方水土养一方人"，只有保持水土的绿色生态化才能养育一方人，如果"水土"生态退化，谈何养人？因此，在乡村振兴中，我们要牢记习近平总书记的"两山论"的思想，解决恢复原有的水土面貌，保护好"绿水青山"。

（二）推动绿色生产发展

经济是基础、产业是根基、富民是核心，乡村振兴要发展绿色农业、农业绿色产业，实现绿色富民。农业是与自然直接打交道的一个产业，中国传统农业是一种有机农业、循环农业、绿色农业，但目前被化学农业、化肥农业、

---

① 黄娟.五大发展理念：美丽乡村建设的根本指导思想［J］.求实，2016（12）：78－86.

农业工业化所替代,污染了农村环境,破坏了生态,影响了食品安全和人民身心健康。推动绿色发展,需要构建科技含量高、资源消耗低、环境污染少、生态破坏弱的生产方式,推动农业绿色化、低碳化改造,大力发展清洁生产、绿色生产、循环生产。农业具有经济生产、生态保护、休闲观光、就业养老等多种功能,要充分发挥农村的独特优势,深度挖掘农业的多种功能,培育壮大农村新业态,重点发展生态农业、观光农业、休闲农业、体验农业、旅游农业、养生农业、创意农业等绿色农业产业。乡村绿色发展需要每个乡村选择1~2个绿色主导产业,并依托这些主导产业拉长产业链,从单纯的绿色农作物生产,向绿色农产品加工和流通,再向绿色休闲服务和绿色旅游业发展,实现一、二、三次产业融合互动。绿水青山就是最好的金山银山,只有改善生态环境、保护绿水青山,将农村变成景区、田园变成公园,走生态优先的绿色农业发展道路,才能成功实现绿色富村、绿色富民。①

(三)培育绿色生活消费

生产决定着消费,消费反作用于生产。乡村社会的消费方式直接影响着乡村的绿色生产。长期以来,乡村保持着勤俭节约、低碳生活、循环利用的绿色消费方式,尤其是在目前乡村老人中仍固守着浓厚的"乡土绿色生活",但是伴随改革开放和农村财富的积累,农村社会的生活方式也发生了极大的改变,告别传统生活是农村年轻人所追求的生活目标。任何事物都是一分为二的,在传统与时尚之间没有确定的"好"与"不好",但在推动乡村绿色发展中,我们始终要秉持的理念是:无论是传统的生活方式还是时尚的生活方式都要走绿色之道。首先,从居住绿色做起。农村的房屋是农村生活水平的最直观体现,农村居住的楼房化已经十分普遍。但不合理的楼房占地极大地挤占了"土地的绿色使用",因此合理的宅基地、合理的楼房布局是今后乡村绿色居住之所在。其次,绿色出行。乡村道路的变化最能说明

---

① 黄娟.五大发展理念:美丽乡村建设的根本指导思想[J].求实,2016(12):78-86.

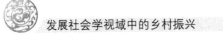

乡村发展的变迁。改革开放 40 多年,乡村的羊肠小道已经退出乡村历史,柏油路已经铺到家门口。随着乡村道路的改变,乡村的交通工具也不断更新换代,从原来的二八式自行车,到后来烧油的摩托车,再到今天家庭轿车的普及。交通工具的升级,毫无疑问缩短了城乡之间、乡村之间的距离,扩大了人们交往的空间。但同时青烟白烟也在农村蔓延,污染也悄悄地来到了农村做客。因此,在农村倡导绿色出行也势在必行。

四、乡村振兴的必由之路:开放发展

无论是中国城市的发展还是中国乡村的振兴,都不能闭门造车、坐井观天。经济的全球化不仅把中国城市牢牢捆绑在了世界经济发展的战车上,而且中国乡村的振兴也必须以开放的眼光进行谋划,不仅要立足国内,更要以世界眼光进行全球谋划。

早在 150 多年前,马克思明确告诉我们,民族历史已经被世界历史所取代了。显然,中国乡村同中国城市一样都纳入世界生产体系之内。鉴于此,中国乡村的振兴需要树立开放发展的理念,坚持"走出去"和"引进来"双向内外联动战略,为乡村振兴开辟更加开阔的发展之道。

(一)走出村庄,走向国内外

乡村振兴不能局限于村庄,必须加快走出去步伐,走出村庄走向国内外。一是人要走出去。组织省、市、县、乡相关管理干部特别是村干部到高校、党校及有关机构参加短训班培训,提高他们乡村建设理论与实践的认识;组织村干部、农家乐经营者、村民代表等到本地或外地甚至国外参观考察乡村建设,学习借鉴人家的有益经验与先进做法。二是产品要走出去。目前,不少乡村缺少特色产品,或虽有产品但缺少经营理念,困在村庄、深山走不出去。乡村振兴必须创建特色产品,要有强烈的市场营销意识,利用互联网手段打开地区市场、走向国内市场、迈向国际市场。三是村庄要走出去。乡村要善于抓住机会宣传自己,扩大村庄社会影响力,提高乡村社会的知名度。我们应在全国范围内创建若干个具有国际影响力的美丽乡村，创建一批具有国际知名度的特色农产品品牌，扩大这些优势、特色，推动具有国际影响力的农产品出口。①

（二）坚持引资引智引技

资金、人才和技术是乡村振兴的三驾马车，缺钱缺人缺技术无疑是目前制约乡村发展普遍性的瓶颈。从某种程度上讲，钱是硬道理，俗话说，巧妇难为无米之炊，说的正是这个理。因此在某种意义上讲，吸引资金是乡村振兴的硬道理。无论是新型城镇化建设，还是新农村建设，都需要大量的资金，少则数千万元，多则过亿。当然，乡村振兴离不开政府对乡村的资金投入。但是从实际情况看，政府的投入仍然是杯水车薪，这就需要吸引大量的国内外资金。近年来，无论是国内或者是国外对农村农业的投资保持强劲趋势，乡村振兴可以借此东风，乘势而上，从而一定程度上解决乡村振兴中资金短缺这个难题。缺人才是制约乡村发展的又一障碍。近几年来，一方面原有的乡村人才流失严重，乡村老人化、空心化比较普遍；另一方面乡村引进人才难且留住人才也难。解决这样的难题首要从政策着手，以政策吸引人才，以待遇留住人才。人才强村，人才兴村。除了缺钱缺人才之外，技术也是乡村振兴的短板。科技兴村，每一轮的技术革命都推动着农业生产现代化的转型升级。在农业生产发展方面，我们要勇于开拓，不断引进新的农业科技，不断打造农业的高端产品、绿色产品。一项新技术、一个好产品往往可以使一个村庄旧貌换新颜。

（三）双向开放内外联动

乡村振兴，不仅要加强对外开放，走得出去引得进来，而且还要加强对内开放，深化改革创新有关制度。农家乐、村办企业、家庭旅社等要向所有

---

①　黄娟.五大发展理念：美丽乡村建设的根本指导思想［J］.求实,2016(12):78－86.

村民开放,不能只向外部人、工商资本或少数农户开放。农业合作社是发展农村经济的重要形式,但不能办成少数企业家的"自留地",应办成绝大多数村民的合作社,即村民人人参与、人人参股的合作社,这是实现村民共富的有效途径。在实现双向开放基础上,坚持内联外合、内外联动。① 近年来,一些乡村充分利用自身的资源优势,和城里人联合开发乡村旅游,这样既解决了农村资金短缺的问题,又充分释放了乡村资源的空间能力。另外,在条件具备的情况内,可以加强国际交流合作,以中国深厚的乡土吸引外资。

五、乡村振兴的根本目的:共享发展

"不患寡而患不均"。在改革开放之初,改革开放的总设计师邓小平就告诉我们,中国的改革开放走的是一条共同富裕的道路,而不是两极分化的道路。乡村振兴必须坚持共享发展,让广大农民平等参与现代化进程,共同分享现代化成果。

(一)为人民振兴乡村

"以人民为中心"是我党执政的最高理念。那么,乡村的振兴就必须坚持"以村民为中心"。但是,在乡村发展的进程中出现了一些与"以村民为中心"不协调的现象,美丽乡村不是承载着"乡里人"的幸福感,而是成为部分官员显耀政绩的载体。更有甚者,成为一些个别人抢地、抢资源的发财新门道,以极少的投资换取最大利益。这些不和谐现象与乡村振兴的初衷相违背。因此,乡村振兴首先要解决的问题是"为谁振兴"。首先,为乡村人民振兴,乡村发展的中心是农民。"为了谁,依靠谁"是乡村发展必须认真思考的两个问题。居住在乡村的农民不仅是乡村振兴的主力军,也应该是乡村发展的受益者。新时代的乡村振兴是亿万农民的中国梦,涉及千千万万个农村家庭,也是我们全面建成小康社会的重中之重。因此,在乡村发展中应该

---

① 黄娟.五大发展理念:美丽乡村建设的根本指导思想[J].求实,2016(12):78–86.

抛弃一些诸如新的政绩工程、形象工程、面子工程等不和谐现象。乡村振兴不仅是为了"乡里人",同时也是为了"城里人"。乡村振兴是城乡协调发展的关键之步,乡村振兴必然缩短城乡之间的距离,使城里人来乡下更加方便、更加舒适,提高城里人的幸福指数。另外,乡村振兴也为各级领导和致力于农村发展的所有人提供了施展才干的新舞台。

(二)乡村振兴靠人民

人民群众是历史的创造者,广大农民是乡村振兴的推动者。当前,乡村建设中政府唱主角,农民演配角,上级政府积极、下级政府消极,参与部门多,协调难度大,单靠政府、能人、农民或企业家很难推进乡村振兴,迫切需要政府、能人、村民、企业家、社会组织等多种力量携手合作。一要靠政府。推进乡村振兴是由各级政府推动,政府是推进乡村振兴的领导者与管理者。村委会是具体的实施者与组织者,推进乡村振兴离不开能人带领,能人要善于用脑、洗脑、借脑,努力将各种力量凝聚在一起。二要靠村民。村民是乡村振兴的真正主体,要能凝聚民心、集中民智民力。这就需要尊重农民的知情权、参与权、决策权和监督权,让广大农民成为乡村振兴的利益共享者,绝不能让广大农民成为利益受损者。三要靠企业家。[①] 近年来,在乡村振兴的大潮中,涌现出来了大家耳熟能详的企业名人纷纷试水现代农业,例如柳传志、刘强东、李治国等,乡村振兴要充分发挥企业家的积极作用。

(三)人人共享乡村振兴成果

乡村振兴成功与否的判断标准,在于广大农村农民是否共同享有乡村振兴之成果。习近平总书记说:"小康不小康,关键看老乡。"在全面建成小康社会的进程中,农村的小康是关键。当前不仅城乡发展仍然存在差距,而且乡村之间及乡村内部之间也存在极大差距。乡村公共产品是属于农民的

---

① 黄娟.五大发展理念:美丽乡村建设的根本指导思想[J].求实,2016(12):78－86.

共享成果,而良好的生态环境是最公平的公共产品,是最普惠的民生福祉。环境改善是我国乡村振兴的主要任务与重要目标,这就是说,坚持环境共享是坚持人民共享的重要内容。当前,我国生态环境民生并不公平,生态环境共享远未实现,突出表现为农村环境基本公共服务投入不足、城市环境改善以牺牲农村环境为代价、农民成为环境污染的最大受害者。① 可以说,"中国农民为中国现代化付出了巨大的代价,但他们却愈来愈被排挤在现代化成果之外"②。在乡村振兴中必须坚持走绿色共享之路。为此,一方面需要下大决心下大力气解决农村中存在的污染问题,把解决农村生态污染当作乡村振兴的头等大事抓紧抓好,彻底改变乡村的生产环境,改善农民的生活环境。把保护良好的生态环境,作为衡量乡村振兴成败的关键一环。另一方面,从共建共享原则出发,广大农民不仅是生态环境的保护者,更应是良好生态环境的共享者。

---

① 黄娟.五大发展理念:美丽乡村建设的根本指导思想[J].求实,2016(12):78-86.

② 曾建平.环境公正:中国视角[M].北京:社会科学文献出版社,2013:130-132.

第三章　发展动力:改革创新

　　发展的本质是新事物的产生与旧事物的灭亡。而新事物的产生,从发展社会学角度,就是一个创新过程。"所谓创新,就是建立一种新的生产函数,也就是说,把一种从来没有过的关于生产要素和生产条件的'新组合'引入生产体系。"①当然,创新不是无中生有,而是在既有存在基础上的改变,因此,创新的过程同时也是一个对旧事物的"破坏"过程,换言之,在实践意义上,发展就是一个"破坏性创新"过程,发展的根本动力来自于改革创新。只有通过改革创新才能有效发展,只有不断地改革创新,才能实现人类社会的可持续发展。

　　近代以来乡村发展的历史,就是人们对于乡村各种体制机制不断改革创新的过程。新中国成立前,中国共产党通过阶级斗争重新配置乡村资源,打破了传统封建乡村的封闭性,婚姻包办、男女不平等等一系列不合理现象得到遏制,实现了乡村的文化创新。新中国成立后,通过合作化运动,改变乡村土地所有制,为现代化农业奠定基础。党的十一届三中全会之后,农村推行联产承包责任制,农业生产力得到极大解放,很快就解决了困扰中国数千年之久的饥饿问题,为美好生活的建设与实现解决了后顾之忧。

　　党的十九大报告提出实施乡村振兴战略,是新时代乡村发展的又一次

---

　　① ［奥地利］约瑟夫·熊彼特.经济发展理论［M］.北京:中国社会科学出版社,2009:76.

改革创新。那么,在新时代背景下,乡村发展改革创新有什么现实依据? 需要改革创新的方向与要点何在? 应当如何有效实现改革创新? 这些问题都是乡村振兴的核心问题。

第一节　乡村改革创新的现实依据

从人类本性角度来看,改革创新无疑是人类的本质特性。因此,真正的问题不是是否要改革创新,而是如何有效实现改革创新。从历史角度看,人类社会之所以出现不能改革创新的现象,其根本原因在于缺乏相关的现实条件。如前所述,在传统社会中,我国乡村很少发生改革创新,没有呈现出发展的特质,并不是人们天生不愿意发展,不喜欢改革创新,而是缺乏改革创新的现实环境。近代以来,乡村连续发生改革创新,是因为乡村社会的外部环境与内部结构发生了重大变化,过去的生产生活方式难以维系,为了适应时代的变化,乡村必须改革创新才能在新环境下生存。

总体来说,制约乡村改革创新的现实依据涉及三个方面:第一,中国社会的整体国情;第二,中国城乡关系的结构;第三,乡村内部的生产生活方式。对乡村进行改革创新,通过改革创新推进乡村发展,在根本上是这三个方面发生变化,为乡村发展创造条件的结果。

一、新时代中国社会主要矛盾的变化

国情是国家发展的依据和出发点,它是对一个国家各方面存在状况的整体性认识。马克思主义认为,人类社会是一个矛盾性存在,一个国家的整体状况如何,在本质上就是该社会的各种矛盾构成情况。在各种矛盾中,社会主要矛盾的状况对于国情起着决定性的作用,不同社会主要矛盾不仅显示了社会的不同发展状况,也决定了社会改革创新的可能性与方向。

中华人民共和国的成立,意味着中华民族摆脱了近代以来的生存危机,开始进入现代化发展阶段。我国社会的主要矛盾从过去的敌我性的阶级矛盾转变为人民性的内部矛盾,从过去的以谋求生存为主的阶级斗争,转换为为了发展而展开的社会主义建设历程。在此背景下,我国"国内的主要矛盾不再是工人阶级和资产阶级之间的矛盾,而是人民对于建立先进的工业国的要求同落后的农业国的现实之间的矛盾,是人民对于经济文化迅速发展的需要同当前经济文化不能满足人民需要的状况之间的矛盾"①。应当说,这种判断是符合中国社会的现实的。但是由于历史的主客观原因,这一判断在实践中并没有得到彻底的贯彻执行,出现了对于社会主要矛盾认识的反复与转变问题,甚至不再承认中国社会的主要矛盾是人民内部矛盾,而认为中国社会的主要问题是阶级矛盾,要通过阶级斗争扩大化来处理中国社会发展中的各种问题,从而给我国社会发展造成了严重的影响。

党的十一届三中全会后,我党从实际出发,坚持实践是检验真理的唯一标准,从过去的教条主义中解放出来,实事求是,重新认识中国国情,纠正了过去对于社会主要矛盾的错误认识。1981 年,党的十一届六中全会通过的《关于建国以来党的若干历史问题的决议》对我国社会主要矛盾做了规范表述:在社会主义改造基本完成以后,我国所要解决的主要矛盾,是人民日益增长的物质文化需要同落后的社会生产之间的矛盾。以此为依据,我党毅然决定将党的工作重心从以阶级斗争为纲转变到社会主义经济建设上来。从而开启了中国特色社会主义的改革创新历程。在随后的几十年里,旧的人民公社制度被农村的家庭联产承包责任制所取代,原有的计划经济体制也逐渐进入改革的领域,向社会主义市场经济体制转变。通过一系列的改革创新,我国社会取得了巨大成就。在国际上,中国经济总量不断上升,成为仅次于美国的第二产业大国;在国内,社会生产水平不断提高,过去长期

---

① 本书编写组.中国共产党简史[M].北京:人民出版社,中共党史出版社,2021:188.

困扰中国社会生产生活的物资稀缺问题已经得到彻底的解决,人们不仅解决了基本的温饱问题,而且向着更富足的小康社会前进。

在此背景下,中国共产党审时度势,对中国的国情进行重新认识与界定。在党的十九大上,习近平代表党中央做出了中国社会主要矛盾发生转换的论断。"我国社会主要矛盾已经转化为人民日益增长的美好生活需要和不平衡不充分的发展之间的矛盾。"①它是对中国当下国情的科学概括,也是对中国未来发展方向的实践指南。这一论断对于乡村振兴的改革创新具有重要的理论与实践指导意义。

社会主要矛盾包含需求和供给两个方面。从需求方面而言,"人民日益增长的物质文化需要"侧重的是当下的温饱型需求,它以人们的直接的生存、安全需求为基础建构,因此,这里的物质文化需要主要突出的是民众的、普泛性的、量的满足,而"人民日益增长的美好生活需要"突出的是人们自我发展的需求,是摆脱了生存、安全困扰之后的更高阶段的需求,在这个阶段,人们的个性化、品质化需求成为主流。从供给方面而言,"落后的社会生产"指的是社会生产力发展水平落后,这种落后,既体现为对于产品质量的掌控不足,也体现为产品数量产出的有限,当然,这并不意味着所有的产业都是如此,而是对于整个社会生产的整体性概括。而"不平衡不充分的发展"指的是社会生产力发展水平总体上已经提高,但是存在着快慢、高低、优劣的不均衡现象。"不平衡"是发展的结构性问题,"不充分"是发展的层级和质量问题。

新时代社会主要矛盾不仅仅体现在经济意义上的量的增长与质的提升的差异,而且体现在社会整体需求架构的差异。在过去,人们对于社会发展的需求更多集中于经济领域,对于政治、社会、文化和生态的诉求较低,大多为经济问题所掩盖或者替代,只要能够解决经济增长问题,只要能够满足生存生活资料的需求,政治、社会、文化与生态等方面的问题都可以被忽略。

---

① 习近平谈治国理政[M].北京:外文出版社,2020:9.

而新时代的社会主要矛盾意味着，政治、社会、文化与生态领域的问题不能被经济增长所替代，换言之，我们需要的是基于正义、绿色、协调的经济增长，需要的是政治合理、社会和谐、生态绿色、文化优秀的经济增长，是五位一体的发展。也就是说，人们对民主、法治、公平、正义、安全、环境等社会其他方面提出了更高要求。中国已经不可能像过去那样，通过牺牲或者忽视政治、社会、文化与生态来推进经济增长。推进社会发展，必须在新发展理念的指导下，全面改革创新，才能有效推进中国社会的持续发展。

二、新时代城乡关系的改变

乡村并非孤立的空间性存在，乡村本身是人类生产发展，社会的空间分工的结果。"物质劳动和精神劳动的最大的一次分工，就是城市和乡村的分离。城乡之间的对立是随着野蛮向文明的过渡、部落制度向国家过渡、地方局限性向民族的过渡而开始的，它贯穿着文明的全部历史并一直延续到现在。"①因此，乡村与城市本身在原则上是一种社会分工与协作关系，那种离开城市而单独生存的乡村，在现实中，仅仅存在于前文明社会。当人类进入文明社会之后，乡村的命运就与城市紧紧连接在一起，人类历史上每一次城乡关系的变革都对乡村的存在状况发生重大影响。

中国传统社会是一个以耕作农业为核心产业的社会。乡村成为中国社会最重要的产业基地，作为工商业基地的城市在经济上处于附属地位，另一方面，耕作农业的发达，导致小农在社会中绝对优势，而小农的优势则使得整个社会被行政支配，而作为行政权代表的皇帝及其官僚集团则生活于城市之中，这使得城市在政治上处于统治地位。因此，中国传统的城乡格局中，城市对于市场经济的发展推动作用有限，自身缺乏生产性，更多的是作为乡村的寄生者角色而存在。城市大多是消费性城市，其生命力与国家政治的兴衰密切相关。而乡村则更多充当一个社会苦力的角色，缺乏发展性，

---

①　马克思恩格斯选集.第1卷[M].北京：人民出版社，1995：104.

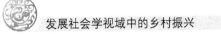

其生产被局限于有限范围,在经济上虽然会产生增长,但是这种增长是以过量的劳动投入与资源消耗为代价而获得的,属于"没有发展的增长",带有明显的过密化特质。总体来说,城市与乡村之间缺乏明晰的区分,二者之间相互嵌入,相互依赖,呈现出高度一体化的格局。

近代以来,随着西方资本主义的扩张,中国旧的社会结构被人为打破。一方面乡村经济由于政治、经济上的过度压榨而凋敝甚至破产,许多地方的乡村出现了大规模的民众生活借债行为,旧的乡村经济体系难以维系;另一方面,在外部压力下,中国被迫开放了一批通商口岸城市,全球化贸易在中国被公开化、合法化,在这股浪潮中的一些城市凭借其地理、政治优势优先获得发展,由于这些城市的发展更多依赖于全球化贸易,对过去的乡村社会依赖性较低,从而导致了中国城市与乡村的一体化关系出现裂痕,呈现出二元化的趋势。这种二元化趋势主要有如下表现。

第一,城市外贸型工商业的发展,使得城市对于乡村的经济依赖下降。反之,这种扩大性的城市贸易改变了乡村传统的产业结构,使农业生产和农民生活对城市依赖性有所增强。由于受商品市场的冲击,以家庭手工业和小农经济为特征的自然经济部分解体,农村逐渐被纳入城市乃至国际的市场交换体系,大力发展与之相关的农产品和手工业品的生产。不仅如此,由于全球化贸易的渗透,使得中国对于人身的管控也急速下降,民众的自由迁徙能力迅速提高,许多农村居民离开家乡,不仅在不同的农村地区流动,也更多进入城市。

第二,城市的发展缺乏可持续性。中国当时的城市更多是商贸中心,而非生产中心,因此,其产业发达程度有限,很大程度上受制于外部政治与经济环境。在这样的格局下,城市自身仍然带有一定的消费性与寄生性,同时城市也无力拉动乡村的发展。因此,当时中国的城市在表面上人头攒动,熙熙攘攘,在本质上却相当虚弱,无力扩张,只有个别城市能够保持繁荣,大部分城市仍然层次较低,一个明显的表现就是城市化率提高缓慢,"从1840年到1949年的110年中,中国的城市化率只有5.5个百分点的增长,从而形成城乡双重滞缓的局面"[①]。

新中国成立后，中华民族的生死存亡问题已经得以解决，实现中华民族伟大复兴，建设社会主义现代化的机会已经到来。要想实现这个目标，工业化是绕不过去的路。与西方早期工业化不同，现代社会的工业发展已经有相当的水平，因此，中国的工业化不可能像西方国家早期那样从轻工业发展开始，只能从重工业的建设起步。重工业本身是一个技术与资本高度密集的产业，从技术角度，城市明显高于乡村，从资本角度，由于社会资本缺乏，只能通过国家资本投入的方式来实现。而国家政权必定以城市为核心生存，在这样的背景下，城市成为工业化的重地，而乡村则成为城市的附属，需要为城市的工业化提供资源支持。当然，与新中国成立前相似，城市自身发展不足，无力承接乡村过剩人口，这意味着城市不可能允许大批量农村居民进入城市，给城市工业化增加负担。对全体居民进行户籍管控，保护城市工业化的顺利展开就成为历史必然。至此，城乡分割的二元体制正式形成。

改革开放后，经济运行方式的转变带来了我国城乡社会和经济关系的巨大改变，城乡关系出现了新局面。首先，党中央转变了优先发展重工业的战略举措，不再倡导农村无条件奉献城市、农业支持工业，而是把改变农业发展格局，解决民众基本温饱作为现代化建设的前提性任务。在此思想指导下，农村开始实施家庭联产承包责任制，很快解决了过去人民公社体制下的大锅饭、生产效率低等问题。1978 年至 1984 年，我国粮食、棉花、油料的总产量分别增长 33.6%、188.8%、128.2%，农业总产值增长 118%，农民人均年实际收入增长 15.1%，是改革开放 40 年来农民收入增长速度最快的时期。其次，改革开放政策的实施，推进了新中国成立以来长期坚持的计划经济体制逐渐向市场经济体制转变。在市场化的过程中，城乡生产要素之间开始自由流动和配置。当时处于经济边缘地带的乡村率先发力，许多农民

---

① 李蓓蓓,徐峰. 中国近代城市化率及分期研究[J]. 华东师范大学学报(哲学社会科学版),2008(003):35.

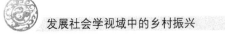

在农业之外从事工商业,许多乡镇企业也随之而兴起,乡村经济得到了大的发展。1984年的中央一号文件,允许务工、经商、办服务业的农民自理口粮到集镇落户,农村人口向城市流动的限制被放宽并逐渐消除,这标志着传统封闭性的城乡分割的二元体制开始逐渐解体。

城乡分割的二元体制虽然在法令层面被逐渐废除,在事实层面的城乡二元格局却依然存在。这既有经济的原因,也有政策的原因。1984年10月召开的党的十二届三中全会通过的《中共中央关于经济体制改革的决定》明确指出,中国经济体制改革首先在农村取得巨大成就,但是城市经济体制改革还只是初步的,城市经济体制中严重妨碍生产力发展的种种弊端还没有从根本上消除,只有坚决地系统地进行这方面改革,城市经济才能兴旺繁荣,推动整个国民经济更快更好发展。自此之后,中国经济体制改革的政策重心从乡村转向城市。

与乡村相比,城市改革涉及面更广,问题更加复杂。不仅涉及经济问题,还涉及政治、文化等方面。在改革初期,城市改革沿袭了乡村承包制的改革方法,给社会转型带来了巨大的压力。为解决这一困境,从20世纪90年代起,强化财政收入,提高政府对于经济的调控力度成为唯一的选择。为了增强政府财政调控力度,应对社会转型挑战,中国采用分税制,中央与地方财税分灶吃饭。以此类推,地方各级政府之间也采用了分税制。对于当时的大部分基层政府而言,农业仍然是财政收入的首要来源,乡村仍然是财税的重要源泉,由此而造成农村的财政负担与日俱增。为了解决基层财政困难,乡村乱收费现象普遍,农民负担重新加重,由此而造成乡村秩序的高度不稳定。

在此背景下,中国共产党重新思考了我国的城乡发展问题,统筹全局,借助于政策导向对城乡发展战略做出了重大调整。鉴于工业化的初期,农村和农业为城市和工业的发展做出了巨大的牺牲,当工业化发展到一定程度后,城市应该支持农村发展,而工业应当反哺农业。因此,统筹工业和农业、城市和乡村的发展,实现城乡的协调可持续发展成为现实选择。2004年

12月,胡锦涛总书记在中央经济工作会议上着重强调:"我国现在总体上已到了以工促农、以城带乡的发展阶段。我们应当顺应这一趋势,更加自觉地调整国民收入分配格局,更加积极地支持'三农'发展。"2005年12月,在十届全国人大常委会第19次会议上,农业税条例被废止,城乡差距问题得到相当程度的解决,向着有利于城乡融合的局面前进。

从2004年以来,党对于乡村的政策都坚持"多予、少取、放活"的方针,坚持建立长期有效的机制促进工业对农业,城市对乡村的带动发展。党的十七大提出"建立以工促农、以城带乡长效机制,形成城乡经济社会发展一体化新格局",党的十八大又提出"推动城乡发展一体化"的战略思想,提出"形成以工促农、以城带乡、工农互惠、城乡一体的新型工农、城乡关系"的新要求。长期的城乡一体化政策的执行,已经在总体上扭转了过去的城乡二元分割体制,中国的乡村已经成长为一个开放性的、市场化的空间。农村不像过去那样双耳不闻市场事,也不像过去那样满足于作为城市原料供应的依附者角色,而是要成为市场的主体,以城市的合作者角色共同推进中国社会的发展。正是在这样的背景下,党的十九大提出乡村振兴目标,并且随后出台乡村振兴战略。总的来说,在新时代,乡村不能继续沿袭过去的生产生活方式,必须认清自身在城乡关系中的定位,不断改革创新,开创新的辉煌。

三、中国生态环境的变化

现代乡村是一个开放性、市场性的空间,因此,现代农村不可能像古代那样,仅仅是农业的发展空间区,而杜绝其他产业的生存机会。对于中国来说,粮食安全是中国社会发展的前提,而粮食安全决定了中国必须保持足够的耕地耕种,所以,农业在中国乡村中仍然是最重要和最基础的产业。农业的存在与发展对于自然生态有着高度的依赖性,生态环境的变化对于农业的生存与发展有着决定性的影响。新时代中国的生态环境与人们的生态诉求都有了很大的改变,这些改变要求乡村农业必须改革创新。

中国是世界上最早的文明区之一。在历史上,中国的农业首先在黄河

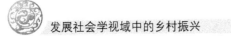

流域发达起来。黄河流域属于季风性气候,夏季高温多雨,同时黄河经过黄土高原,给黄河中下游地区带来丰富的黄土资源。黄土土质松软、肥沃,是最适宜耕作的土壤之一。因此,耕作农业逐渐成为唯一的农业生产方式,游牧业则由于其生产效率低下而被边缘化,仅仅存在于更北方、降雨稀少、不适宜耕作的草原带。在古代社会,由于积肥不足,决定了耕作农业在条件允许的情况下都会通过精耕细作来提高产出。而在缺乏发达的农业机械支持的条件下,精耕细作的同时必然引发劳动力的大量需求,由此而形成了人口数量与产出的螺旋形双增长的情况。由于农业亩产提升有限,农业的增产最终需要通过扩大耕地面积来保证。在这种生产方式支配下,中国的人口增长与耕地面积扩张同时展开,很快就会达到一个社会自然生态空间的合理状态极限。由于人口增长受到生产方式内在激励,所以,这种合理状态很难持久保持,人口数量很快就会突破适度值,从而引发耕地不适宜的扩张。

这种不适宜扩张表现在人们毁林造田,围湖造田,林地、湖泊、湿地等大自然生态保护群落遭到破坏。而自然植被生态保护群落的大规模破坏必然导致自然生态环境的恶化,各种自然灾害频发,给人类社会造成重大灾难,从而最终造成人口总量的下降。如此周而复始,耕作农业的生态环境不断被破坏——修复——更大的破坏,在整体上呈现为一种易损性生态空间格局。

从历史上看,黄河流域的生态易损性表现最为明显。在历史上,黄河原称为"河",到西汉初年才有"黄河"之名。这意味着当时的黄河中上游生态性空间格局已经开始突破其合理界限,开始向易损性格局转变。之所以到汉代生态性空间开始发生危机,是因为汉代农业已经达到了精耕细作种植方式的极限。从历史角度看,汉代农业"为我国树立了两千年的农业榜样,后代虽有若干技术上的进步,……基本上并未超出前汉的类型。前汉所改进的生产工具、屯田制度、耕作方法,一直为后代所遵行"①。这种生产方式

---

① 吴慧.中国经济史若干问题的计量研究[M].福建人民出版社,2009:106.

的极限，同时也意味着突破了适度性格局的限度。

当然，这并不意味着黄河流域的生态性空间格局一成不变，始终处于易损性格局。在历史上，由于东汉至北朝时期战乱不断，以及气温的降低，黄河中游地区农业生产从单纯种植回转为耕牧混合，相当一部分自然森林植被获得恢复，从而使得其生态性空间格局有所好转。但是，随着隋唐政权的稳定，气温的回升，精耕细作的耕作式农业重新占据上风，其后果是黄河中游地区的森林覆盖率急速下降，黄河流域的水土流失问题日益严重，自然灾害频发，其生态性空间重新成为易损性格局。在随后的时间里，尤其是明清时期，来自于游牧民族的威胁大为降低，种植业向北的拓展加剧，对于森林植被的破坏更是无以复加。其后果是人口总量高居不下，自然灾害发生率明显提高，土地荒漠化严重，其易损性格局不仅固化，而且已经呈现出逐渐进一步恶化的趋势。

相对于黄河流域生态性空间格局的危机化，长江流域由于其开发较晚，降雨量较大，其易损性格局的形成较晚。但由于其农业生产方式没有根本性改变，同样无法摆脱易损性格局的命运。一个典型的表现是长江的变化，随着历史的演进，长江水质也逐渐浑浊，开始成为第二条黄河。有学者研究，长江流域森林覆盖率在 2 世纪末接近 70%，到 14 世纪中期天然森林覆盖率不足 40%。由于森林覆盖率不断下降，造成水土流失严重，水旱灾害频发，而且其规模越来越大。长江水灾唐代平均 18 年一次，宋元两代 5～6 年一次，明清 4 年一次，民国以后平均 2.5 年一次。

除了黄河流域与长江流域之外，其他地区——只要适宜种植业发展的区域，其生态性空间格局都不同程度存在易损化问题。只不过，由于其开发时间较晚或者降雨量充足等原因，对于森林植被的破坏不如黄河流域与长江流域那么严重。总体上，在工业化之前的中国，其生态性空间是一种易损性格局。

新中国成立后，中华人民共和国开始了大规模的工业化进程。由于农业需要为工业提供原始积累，同时，农村遗留大量剩余人口，粮食生产成为

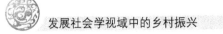

不惜代价的国家工程。而当时,农业科技落后,1952 年,农业机械总动力仅 18.4 万千瓦,化肥 7.8 万吨,分别相当于全国范围内 0.000 09 千瓦/亩, 0.04 千克/亩,到 1957 年,才提升到 121.4 万千瓦,化肥 37.3 万吨,分别相当 于 0.000 52 千瓦/亩,0.16 千克/亩。因此,人们无法通过提高亩产量的方式 来提高农业产出,更多依靠耕地面积扩大与劳动投入加大的方式来实现。

因此,新中国成立后相当一段时间内,自然生态环境并没有得到明显改 善,在某种程度上反而有所恶化。1998 年,我国已有 1/5 的耕地受到污染, 干旱、半干旱地区 40%的耕地严重退化。我国利用污水灌溉的农田面积为 361.8 万公顷,占全国总灌溉面积的 7.3%,占全国地面水灌溉面积的 9.96%。90%的草地已经或正在退化,其中,中度退化程度以上(包括沙化、 碱化)的草地达 1.3 亿公顷。除了自然地理条件的恶化之外,还有耕地的化 学污染问题,"据统计,中国农业每年的化肥使用量超过 4000 万吨,且大多 数化肥没有被作物吸收,而是释放到环境里去了;农药使用量达到 50 万~60 万吨,每公顷农田的农药使用量达到 16.5 千克;农用塑料薄膜的使用量为 43 万吨"①。

针对我国生态环境恶化问题,1999 年,四川、陕西、甘肃 3 省率先开展了 退耕还林试点,由此揭开了我国退耕还林的序幕。一年后就扩展至全国 18 个省市。2002 年退耕还林工程全面展开后,退耕还林计划逐步覆盖除山东、 江苏、上海、浙江、福建、广东以外的 25 个省市。仅在 1999 年至 2008 年间, 全国安排退耕地造林总面积便高达 926.7 万公顷;截至 2017 年,退耕还林工 程总投入资金超过 4600 亿元。退耕还林工程有力地遏制了我国自然生态环 境的恶化,为改善我国生态环境做出了巨大的贡献,同时也对乡村的生产生 活造成了巨大的影响。

相关学者的调研结果表明,在陕西和甘肃一带开展的退耕还林工程对 当地生态环境产生积极影响。截至 2014 年,陕西省荒山造林面积达到

① 赵岩青,王朝阳.循环经济知识读本[M].北京:中国社会出版社,2006:37.

128.11万公顷,退耕还林面积达到101.55万公顷。森林蓄积所创造的生态效益价值高达965.31亿元。甘肃省至2015年底累计退耕还林面积达189.69万公顷,对比1998年生态效益总价值增加近1061.89亿元。自然生态环境的改变,也引发农业生产结构的变化。在退耕还林区,"(耕作)农业产值比重和畜牧业产值比重变动幅度明显,其中农业产值比重不断降低,畜牧业产值比重不断扩大"①。旧有的单一耕作农业方式已经被混合多样农业方式取代。

可以肯定,随着我国社会的发展与人民生活水平的提高,我国对于生态环境的治理工作只会加强,不会削弱,乡村原有的依靠劳动力与资源投入的粗放型农业生产方式已经无法得到现代生态政治的承认,其生存空间只会越来越小。因此,只有通过改革创新,乡村产业才能适应自然生态环境的变化,走出一条乡村振兴之路。

第二节 乡村改革创新的原则

现代社会是一个变动、发展的存在,改革创新已经成为一种时代风尚。在这样的社会背景下,很容易产生对于改革创新的过度自信与迷信,将任何活动泛改革化、泛创新化,最终将改革创新演变为一场"折腾"的闹剧。这样"折腾",不仅浪费乡村发展中有限的资源积累,也会给乡村社会的政治、经济、文化与生态造成不可逆转的伤害,妨碍合理、正确的改革创新方式的探索与推进,最终导致乡村振兴事业的失败。因此,在乡村振兴中,我们一方面要坚持改革创新,另一方面要避免伪改革、伪创新,避免跟风,将改革创新

---

① 杨小鹏.陕西退耕还林工程对农业经济的驱动分析[J].水土保持研究,2007(04):230-232.

扎扎实实落到实处。

一、基于知识管理的改革创新原则

在一般意义上,创新是指创造新的事物。创造可以是一种对于旧事物的全新的改变,也可以是对于旧事物的某些局部性的修改。相对来说,前者的创新性更强,更容易引起人们的重视。从表象角度,由于全新事物与旧事物之间在最终形态上存在重大差异,很容易使人们形成两种不当的理解,那就是对于新事物的发现、发明和创造是一个不需要知识积累的过程,或者说,知识积累在发明创造上很难有效发挥作用,因为知识都是关于旧事物的知识,而这些知识恰恰是需要被否定的存在。由此,一些人误认为,创新更多来自于灵感的迸发,更多来自于天马行空的想象。在现实中,各种各样的创新故事为了增强其吸引力与趣味性,也有意无意强化这方面的宣传。例如在科学故事中,瓦特之所以发明蒸汽机,是因为瓦特在小时候,就注意观察思考,从开水对茶壶盖的冲击中得到启发,从而最终发明蒸汽机。更为著名的例子是德国化学家凯库勒(1829—1896)发现苯环的故事。一天晚上,凯库勒坐马车回家,在车上昏昏欲睡。在半梦半醒之间,他看到碳链似乎活了起来,变成了一条蛇,在他眼前不断翻腾,突然咬住了自己的尾巴,形成了一个环……凯库勒猛然惊醒,受到梦的启发,明白了苯分子原来是一个六角形环状结构。

事实上,这种关于创新的解释,与其说是解释,不如说是宣传,大部分不符合创新的事实。在瓦特发明蒸汽机之前,欧洲已经存在蒸汽机,并且在矿山采掘等领域使用,只不过,当时的蒸汽机效率低下,而且操作麻烦,故障率高,很难大规模供给一般企业使用。而当时的工业发展迫切需要新的动力装置。因此许多人都投入蒸汽机的改进工作中,瓦特是其中一员。瓦特之所以能够对蒸汽机改进创新成功,更多建立在前人的知识积累基础之上,瓦特本人也有丰富的知识储备,瓦特的长辈都是与机械使用和制造高度相关产业的工人,他从小受家庭环境影响,具有丰富的机械制造和使用实践知识，成年后还从事机械制造专业的工作和实验。1757 年，瓦特到格拉斯格大学当实验员，专门制作和修理教学仪器。正是在自身丰富知识储备和专业化实践的氛围中，瓦特才可以深入钻研机械制造，为蒸汽机的改造奠定牢固的基础。

同样，凯库勒发现苯环的故事也受到现代人的质疑。美国南伊利诺大学化学教授约翰·沃提兹在 20 世纪 80 年代对凯库勒留下的资料做了详细的研究，凯库勒通过做梦发现苯环的故事并不可靠，更大的可能是借鉴其他科学家研究成果的结果。事实上，在凯库勒发现苯环结构之前，1854 年，法国化学家奥古斯特·劳伦在《化学方法》一书中已把苯的分子结构画成六角形环状结构。而在凯库勒 1854 年 7 月 4 日写给德国出版商的一封信中，他提出由他把劳伦的这本书从法文翻译成德文。这表明凯库勒读过而且熟悉劳伦的这本书。

事实上，在创新过程中，新的想法是创新的内在构成部分，但不是创新的全部。新的想法仅仅是创新的创意部分，真正的创新是一个系统工程，不仅需要有新的创意、思路，而且需要将这些创意转换为可操作的程序，落地生根，否则，仍然是一种创意，而不是创新。不仅如此，创意本身也不是以天马行空的灵感为基础，而是以丰厚的知识为前提，因为创新的产生来源于现实问题的挑战，而所谓现实问题，大多不是全新的问题，而是一个持续存在的、不断变化的问题群，人们对此并非完全空白，没有任何既定的解决方案，而是已经有了某种解决方案。在这种方案存在诸多缺陷，必须予以改进的情况下，才会激发创新的需求。很显然，创新的前提必须是能够对既定方案有清晰的掌握，把握其优缺点，把握其内在脉络，只有这样，才能有针对性地提出改进建议，尝试性地进行改进，从而为真正的改革创新奠定坚实的基础。如果没有对于既有问题与既有方案的充分反思与解析，仅仅是换一种新的方案，是不可能真正解决问题的，就像无头苍蝇，除了碰壁之外，不可能有真正的进展。

乡村发展中的改革创新，其复杂度远高于企业创新与科学创新，它涉及

经济、政治、文化、社会与生态诸领域,不仅涉及人与自然的关系变革,也涉及人与人之间关系的变革。在人与人的关系中,不仅存在个体与个体关系,而且涉及个体与集体,不同集体之间的利益博弈问题。如此复杂的问题,不可能依靠某个人或者某些人的灵感迸发、激情冲动来出谋划策,必须建立在严格的知识储备与论证基础之上,任何点子、思路创新都必须有持续不断的知识支持,而不是依靠个人感觉、局部经验。在近代,为了应对乡村社会危机,人们也对其进行了改革创新尝试,其中既有成功的经验,也有失败的教训。过去乡村改革创新失败的基本原因中,缺乏知识支持与实践检验是最重要的因素。

二、基于民主参与的改革创新原则

在现实中,旧事物并不会自动消亡,也不会自动为新事物的存在让出空间,新事物的产生过程往往要经历与旧事物的博弈斗争过程。因此在改革创新的早期阶段,新事物的支持者往往属于少数群体,这就容易形成一种印象,改革创新是少数人的事业,大部分人只是改革创新的盲从者。于是有人提出,改革创新是一个排斥民主化参与的过程,如果民众广泛参与,不仅会给改革创新带来新的阻力,甚至有可能会导致改革创新的失败。

这种观念似乎有一定道理,但是经不起推敲。这是建立在对于改革创新的片面性观察与理解基础之上而形成的结论。

首先,改革创新是一个系统性工程,而不是一个零零散散的事务拼装。也就是说,改革创新在本质上是一个整体性事业,而不是个别性、局部性事业。因此,改革创新的过程必须有民众的民主化参与,没有民众的民主化参与,改革创新事实上是不可能的。因为民众在乡村振兴中并非被动的被驱动者,而是主动的行动者,只有激发广大民众的参与积极性,改革创新才能落到实处,才能产生实效。

在近代,乡村问题受到多方重视,有各方力量为乡村的改革创新出谋划策,但只有中国共产党所组织的阶级斗争取得实效,对乡村的经济、政治、文化改造产生实际效果,而其他的流派,例如乡村建设派对乡村的改变微乎其微,而且随时面临破产的危险。究其原因,中国共产党对于乡村社会的改造是以乡村民众的广泛参与为基础展开的,农民在阶级斗争中是作为主体,而不是被动参与,由此确保了乡村阶级改造的持续展开。相反,在乡村建设派那里,乡村改造是少数精英安排的结果,农民只是被动的参与者,因此效果不佳。梁漱溟1935年10月25日在研究院讲演中反思"乡村建设",就认为其中存在两大难处,"头一点是高谈社会改造而依附政府,第二点是号称乡村运动而乡村不动"①。

其次,乡村振兴是在我国社会主要矛盾转换的背景下展开的,而我国社会主要矛盾已经从过去主要在生活温饱层面的问题转换为美好生活实现的问题。在温饱阶段,人们的需求清晰而且简单,无论是所需要达成的目标还是达成目标的手段路径都有明确的规定性,在这种情况下,所谓的改革创新更多是模仿其他地区的既有经验,然后根据自身的实际情况进行细节性的改变即可。这样的改革创新中,民众是否民主化参与,对于改革创新的成败影响不大,因为在人们面前,如何改革创新有确定的正确路线。但是,对于美好生活的建设问题,不同的群体有不同的理解。也就是说,美好生活的目标不像温饱生活那样具有单一性,而是一个多元化、个性化的目标。由于目标的多元化与个性化,这意味着美好生活的建设问题是一个没有确定方案的工程,是一个从目标到手段、路径都缺乏确定性的存在。在这样的格局下,没有人能够担保自己所提出的改革创新方案具有可靠性。因此,为了降低改革创新的风险,民众的民主化参与是乡村振兴的必要条件。一人智短,众人智长,只有群策群力,共同参与,才能在改革创新中少走弯路、错路,才能有效推进乡村振兴事业。

最后,民主化参与也是乡村振兴中公平正义的基本要求。即使不从改革创新的成功性角度考虑,新时代乡村发展的改革创新也需要民主化参与。

---

① 梁漱溟:梁漱溟全集(第二卷)[M].济南:山东人民出版社,2005:573.

因为人们对于美好生活的需求不仅仅包括经济上的富足,同时还有政治、社会意义上的公平、正义等要求,而公平、正义则以人们的民主化参与各种社会事务为前提和标准,如果民众缺乏社会变革主体性参与的权利,很显然,就没有公平、正义可言。

三、基于功成不必在我的改革创新原则

改革创新是一项漫长的事业,确保其可持续性,是改革创新的内在要求。这意味着急功近利、急于求成的心态是改革创新的大忌。急功近利、急于求成的后果往往使改革创新进程扭曲,破坏其可持续发展性,使得乡村变革成为面子工程与政绩工程,而不是乡村振兴的工程。

所谓"功成不必在我",对于个体而言,就是说每个人要为事业成功做出最大的贡献,但事业的成功未必就在我手中、在我任期、在我有生之年实现。这是人生的崇高境界,只有一个人达到为事业而忘我、为"大我"而弃"小我"时,才能做到"功成不必在我"。对于社会而言,就是要有一套规范机制确保短期利益与长期利益之间的冲突能够合理化处置。

坚持"功成不必在我"是改革创新的现实实践成功的前提。从人类历史发展进程来看,人类社会各种成功的改革创新都不是昙花一现,偶然爆发的结果,而是人们长期努力与奋斗的产物。从摆脱蒙昧到建立文明社会,从摆脱传统社会到进入现代社会,从现代社会的草创到后来的高度发展,每次大的社会变革都建立在人们长时间的艰辛努力以及积极抗争的基础之上。在这个过程中,既有精英的引领,也有民众的参与。但归根结底,真正起到决定作用,有能力打烂旧世界、建立新世界的只能是广大的人民群众,而不是帝王将相等少数精英。这些精英只有在顺应历史发展潮流,回应人民群众呼声的前提下,才能发挥历史作用,其帝王将相的身份才具有价值,否则就会成为"螳臂当车,自不量力"。而人民群众对于人类历史发展的推动作用,更多通过涓涓细流,通过日积月累的实践和持续性的微小改变来实现对于人类社会从外部到内部的根本性改变。

承认人民群众的根本地位，并不意味着在乡村振兴中领导干部的作用不重要。事实上，领导干部在乡村振兴中具有十分重要的作用，领导干部的创新精神对于乡村振兴至关重要。不过，在现实中，领导干部的"创新"具有多种可能与动因，必须予以规训和约束，才能真正使其服务于人民，以人民为中心。习近平总书记曾经多次强调，作为领导者要有"功成不必在我"的境界，"不贪一时之功，不图一时之名"，"一张蓝图绘到底"，"一茬接着一茬干"。这些论述深刻揭示了长远利益与眼前利益、集体利益与个人利益的辩证统一关系，对于解决一些领导干部在工作中存在的急功近利倾向，具有重要指导意义和现实针对性。

　　坚持"功成不必在我"，必须在继承中创新。创新必须建立在对既有事业的继承之上。没有历史就没有未来。人类所有的事业都是一代一代传承而来，创新是继承历史基础上的取其精华、去其糟粕，而不是对于过去的全盘否定。乡村振兴是一项长期的工程，必须在继承历史的前提下，进行创新。具体来说，在事业的继任上，要承接前任，留路后任。首先，必须正确对待前任的工作。前任是一段历史，是巨人的肩膀，否定前任就是割断历史，只有在历史的积淀下继续前行，才可以行远走稳。撇开前任，另搞一套，很容易造成工作的折腾，劳而无功。其次，要在继承的基础上保持创新。新人上任，固然要肯定前任所做的努力，但是更重要的是接过前任的事业继续前进。并不是坐享前任打下的江山无所作为，而是在新的起点上继续向前迈进。最后，不断创新为后人留下丰富的可继承遗产。创新不是亮点一闪，而是一个持续的工程。要将创新的蓝图落到实处，在实践中不断落实蓝图、修正理想，实现创新的持续性。

　　坚持"功成不必在我"，必须发扬钉钉子的精神。"功成不必在我"的关键在于保持不怕困难，积极参与的韧性。"功成不必在我"不是自我消极等待、无所作为的借口，而是立足现实，干好手中工作的依据。只有在今天打下坚实的基础，才能为明天的辉煌提供可能。对于当下而言，我们必须抓住当前的重要战略机遇期，进一步深化改革开放，必须像钉钉子那样，一锤一锤钉下去,实干苦干,夯实基础,稳扎稳打,确保各项工作落实。必须牢固树立问题意识,不等不靠,要勇于面对问题,积极发现问题,在解决问题中推动前进。

坚持"功成不必在我",必须处理好显绩与潜绩的关系。在现实中,人们都对自己的行为有某种功利期望,对于领导干部来说,就是政绩问题。由于乡村振兴事业的艰巨性和复杂性,领导干部的投入未必可以在任期内显现出足够效果,潜绩可能还来不及转化为显绩。如何处理这类矛盾?该矛盾背后是什么问题?习近平总书记指出:"'功成不必在我',实际上就是要处理好大我和小我的关系,长远利益、根本利益和个人抱负、个人利益的关系。"换言之,显绩与潜绩的关系问题本质上是一个大我与小我的关系问题。如果不能有效处理"大我"与"小我"的关系问题,让"小我"大过"大我",就会出现急功近利,追求短平快的近视行为,给乡村振兴带来巨大的危害。坚持"功成不必在我",必须以人民为中心,只有这样才能确保创新沿着正确的方向进行,而不致成为一种炫耀与折腾。

第三节　乡村改革创新的要点

乡村改革创新是一个全面的系统化工程。它在整体上可以分为三个层次:一是最为表层的器物创新,主要体现为科技创新;二是介于中层的制度体制创新,可以落实为组织和体制创新两大部分;三是深层的观念与惯习的创新,需要通过文化的创新来实现。三者既彼此独立,又相辅相成,不可能单方面突进,只有多方协作,齐头并进,才能事半功倍,推进乡村改革不断创新,为乡村发展提供持久的动力。

一、科技创新

实施乡村振兴战略,是党的十九大做出的重大决策部署,是决胜全面建成小康社会、全面建设社会主义现代化国家的重大历史任务,是新时代"三农"工作的总抓手。

大力实施乡村振兴战略,必须把着力点放在农业农村的现代化上,而发展现代农业、建设现代农村的根本出路在科技。2018年中央一号文件强调,必须坚持质量兴农,坚持以农业供给侧结构性改革为主线,着力提高农业创新力、竞争力和全要素生产率。而实现改革创新的前提是科技创新。只有在科技创新的前提下,才能为其他层面的改革创新奠定坚实的基础,农村社会的经济、政治、文化和生态才能有大的发展。

从历史上看,世界各国推进农业现代化的道路各不相同,但唯一的共同点就是现代农业高度依靠科学技术。当前,我国农业发展面临的挑战依然严峻。农业供给质量亟待提高;农民适应生产力发展和市场竞争的能力不足,新型职业农民队伍建设亟须加强;农村环境和生态问题比较突出。如何破解这些瓶颈问题,只有靠推进农业现代化,靠转变农业发展方式,靠创新驱动。党的十九大报告强调,要构建现代农业产业体系、生产体系、经营体系。而所有这些体系的背后必须有坚实的科技支撑,它表现为用先进技术装备支撑农业规模化、用现代生物技术支撑农业良种化、用精准化信息技术支撑农业信息化、用现代服务业引领农业产业化。

我国农业科技总体上仍然比较落后,不仅在质量上与发达国家农业科技存在较大差距,而且在数量上也存在供应不足的问题。首先,我国农业领域科技成果大部分还处于实验室阶段和中试阶段。原始创新能力与发达国家相比存在较大差距,总体上处于少量领跑、大部分并行和跟跑的格局。其次,没有形成规模化、高效化的产业经营。数据显示,2017年全国高新技术企业13.6万家,其中农业高新技术企业仅占6.3%。2016年农业十大标志性成果的第一完成单位均为高等院校,农业企业研发能力明显不足。2016

年全国高新技术企业营收 25.7 万亿元,其中涉农高新技术企业营收仅占 5.6%。全国 5000 多家新三板上市企业中仅有农业企业 282 家,占比不足 6%。

二、组织创新

在现实中,科技的发明和推广都需要相应的资金支持。对于小农来说,由于其生产规模小,信息流量低,同时由于其收益度有限,因此,小农生产对于农业科技创新缺乏亲和性,不仅不关注农业科技的发明创造,而且对于农业科技的接受与应用也积极性不足。从历史上来看,现代农业科技装备的规模化配置首先发生在 19 世纪末的美国,具有悠久改良农业传统的欧洲各国农民反而较少规模化采用现代农业装备。究其原因,美国农业规模经营化程度较高,对于农业科技具有更高的需求度。也就是说,农业科技创新需要一定规模化的产业作为支持,只有农业经营达到一定的规模,农业科技的创新与应用才有实践价值。

我国农业的基本国情是人多地少,小农经营数量巨大。因此,不可能像西方国家那样,全部转换为农场化经营,唯一可行的路径是建立各种新型农业合作组织,通过联合的规模化来提高农业科技的吸纳与创新力。

从历史上看,改革开放以来,我国农业经营组织,经历了一个从单纯的家户经营组织,到家户单独经营与"公司+农户""合作社"和"专业大户"经营组织多样性并存的转变。总体来说,这些新的组织对于农业发展起到了一定的推动作用,同时也存在相当的问题。

"公司+农户"兴起于 20 世纪 90 年代初期,是为了缓解小农生产和国际国内市场的激烈竞争的矛盾,实现农民与公司的共同发展而产生的组织形式。个别企业为了保障稳定的原料供应,采取了以公司的技术资本为依托,吸收农民加入其中共同经营的模式,成为最初的"公司+农户"模型。同时,学界与政府对其进行概况总结,认为"公司+农户"模式是深化农村改革的一条有效路径,是促进农业产业化经营,带动农民致富的好方法。但在后来的推进过程中,其绩效远低于人们预期。在公司层面,出现了许多政策性公司,它们采用"公司+农户"的主要目的在于获得政策支持和财税优惠,甚至是某些政府资助。在那些真心从事农业产业,试图实现与小农共赢的企业中,成功率也偏低。我国一些大型农业企业搞的"公司+农户"模式,有80%以上的案例不成功。"公司+农户"组织模式是从市场需求原则出发,公司和农户之间通过契约将双方的权利和义务关系明确规定,目的是在降低各种成本的同时使双方收益均获得一定程度的保证或增长。但事实上,公司与农户之间的契约很难保证,"合同违约率居高不下,有的地方合同违约率甚至达到80%"[①]。

同样的问题还存在于合作社建设上。自2007年《中华人民共和国农民专业合作社法》实施以来,农民专业合作社得到迅速发展。截止到2011年6月底,在工商部门登记的农民专业合作社达44.6万个,入社农户达3000万户,约占全国农户总数的12%。但学界在深入调查后发现,许多合作社的实际存在状况与人们的设想大相径庭,它们大多不是多个农民的互助或者合伙式经营,更多是以一户为主体的公司式经营。许多所谓的合作社社员只是为了获得合作社身份,那些社员或者不从事相应的农业,或者只是少量参股。换言之,许多现实的合作社本质上是单独的家户经营,之所以冒出了许多合作社,主要是为了国家的政策优惠,一旦政策优惠力度降低、消失,原有的合作社活动就进入休眠甚至解体状态,它们实质上是套牌的家户经营。

专业大户是另外一种现代农业经营方式的探索。其特征在于农业经营规模较大,农地面积少则有数十亩,多则有数百亩,主要采用专业化经营,以满足市场需要为目的。在现实中,受现有土地制度约束,专业大户由于土地集中等问题发展有限。不仅如此,在调查中专业大户普遍反映农业日常经营缺乏安全感。专业大户采取规模经营,势必涉及与农民发生土地流转关

① 蔡建华,陈玉林,郑永山. 对"公司+农户"组织模式的反思[J]. 宁夏社会科学,2012(6):31-37.

系问题。但是这种流转并不能得到社会和法律层面的保证。在社会层面，农民缺乏基本的规则信用，即使与农民签订书面土地流转协议，但农民并不会认真遵守，一旦发现大户经营牟利超过农民原初的预期，就会要求提高租金，否则就会要求收回土地。对于这种违背契约的行为，虽然不被法律支持，但是在司法实践中却并没有有效的惩戒措施。一旦农民一方撕毁契约，专业大户一方基本没有可能从司法中获得有效支持。换言之，大户除非有特别的背景与手段，一般情况下，要么答应农民的不合理要求，要么被农民报复。由于农民人多势众，这种报复往往因为法不责众而不了了之。除此之外，在农业日常经营中，许多大户还要面临村民的"反行为"，即农户的顺手牵羊、聚众哄抢行为。最终的后果是许多大户被迫退出农业生产领域，或托庇于本地有特殊身份背景的权势保护之下，由此而造就新的土地食利者阶层。

之所以出现这些问题，除了外部的体制机制问题之外，也与我国农业经营组织本身的创新能力不足有关，过去受制于市场需求以及自身素质的影响，我国的农业经营组织对于科技、人力资源投入不足，只是将各种合作组织当作一个纯粹的牟利性存在，以追求短期利益为主。合作组织成员在主体性参与、管理优化上明显不足。缺乏规范的合作程序，缺乏相应的合作基础设施，更多依靠口头联络、人情联合，没有形成持久的内部合作机制。这种组织在未来的乡村发展中是缺乏竞争力的。

对于未来农业经营组织的创新，当然不能抱着等、靠、要的心态，一味将组织优化的希望寄托于国家的政策干预与财政支持上，而应当从自身组织机制改善入手，将合作本身作为一项独立的事务，当作一项实在的工作来做。从国外经验来看，国外的许多农业合作组织，不仅仅是一个利益的聚合体，而且是一个文化的共同体，合作组织成员之间不仅有规范的利益协商机制，而且有较强的文化互动。很多农业合作组织每年甚至每月、每周都有固定的聚会，在聚会中不仅进行信息交流，利益协商，也进行生活上的互联互通，举办各种文化活动。换言之，农业合作建立在农民的合作基础之上，农民之间如果没有人际间的有机合作,试图实现产业合作是有缺陷的,是缺乏可持续性的。

三、体制创新

任何组织都存在于某种体制下,组织活力是否能够充分激发,是否能够对不同生命力的组织实现优胜劣汰,在根本上取决于组织所生存的制度环境。因此,乡村振兴的过程中,必须在推进组织创新的同时,创新乡村产业经营体制机制。毫无疑问,其中的核心是农业经营体制创新。

农业生产经营体制主要包括农业生产经营基本体制、主体体系、经营方式和动力机制。其中农业主体体系、经营方式和动力机制主要由市场来决定,在此不予赘述。而农业生产经营基本体制具有较强的规定性,非市场能够决定,是农业生产经营创新的核心构成。

(一)创新农地承包体制

改革开放以来,保障农户个体土地承包经营权,维护农户生产经营的主体地位,防止其遭到集体的侵占,一直是农村农地使用制度的核心立场,也被认为是农业经营体制创新需要坚守的底线。因此,在实践中,通过不断完善的法律法规,依法赋予农民更有保障、更为稳定的土地承包经营权,还权赋能,确保农村土地基础承包关系长久稳定,成为一种长期的政治正确。应当说,这种立场在过去有相当的合理之处。因为过去我国总体上生产发展水平较低,农户个体土地承包,事实上起着个体意义上的生存保障与社会意义上维持稳定的双重作用。但是,这种机制原则上与新时代中国社会经济的发展趋向相冲突。新时代中国社会的主要问题不再是生存与温饱问题,而是更好的发展与效益问题。土地的生存保障意义对于农户个体来说已经意义不大,碎片化经营已经很难确保农户的生活,生存问题很大程度上依赖社会保障来实现,而美好生活也不可能通过碎片化经营达到。

因此,在乡村振兴中,需要突破过去的窠臼,从维稳思路转变为发展思路,从过去的以生存保障为中心转向以美好生活实现为中心。在此逻辑下,要抓住城镇化加速推进和稳步推进农村转移人口市民化的发展机遇,引导承包农地经营权"依法、自愿、有偿"流转,推动进城务工农民的承包土地向专业大户、家庭农场、农民合作社流转,解决承包地块细碎化、农业生产投入个体化等问题,加快实现农业生产由小规模、粗放型的传统生产经营模式向集约化、规模化、专业化的新型经营模式转变。

在乡村振兴中,真正的重心不是维护农户个体的土地承包经营权,而是鼓励与规范农村土地的流转与使用。其中涉及规范农村土地的转包、出租、互换、转让等流转程序,健全县乡村三级服务网络,强化信息沟通、政策咨询、合同签订、价格评估等流转服务方面内容。对于土地流转的创新,不仅应关注流转的加快与加大,同时要贯彻全过程,探索建立严格的工商企业租赁农户承包耕地准入和监管制度,从租地资格准入、产业发展规划、生产技术力量、经营风险控制、土地用途监管等环节,加强对企业租赁经营农户承包地的规范和管理,从源头上抑制土地"非粮化""非农化"行为。

(二)创新乡村农业市场体制

在推进农业规模化经营的同时,推进农业产业的市场化程度。其中涉及两个方面:宏观层面的农业产业的集群化和微观层面的农业产业新主体的培育。

农业产业集群化发展,建立在农业产业链的增长与拉长基础之上。只有通过产业链的拉长,才能围绕农业经营创造出足够的利益,进而推进农业产业的规模扩大,从而创造出农业产业群。农业产业集群化的关键在于,以农产品加工业扩张为核心,打通农产品加工转化和贸易渠道,实现由卖"原字号"农产品向卖"成品"、卖"服务"的转变,带动农业增效和农民增收。在具体的落实中,一方面需要做大做强产业化龙头企业,围绕农产品优势产业带建设,打造一批产业关联度大、精深加工能力强、规模集约水平高、辐射带动面广的龙头企业,进一步提升企业规模和技术水平,促进产业升级,提升产品附加值。另一方面需要在空间上塑造农业产业集群空间，建设规模化、标准化、专业化和集约化的农产品加工园区，完善配套设施，推动要素集聚、产业集中，着力推进农业全产业链建设，实现生产、加工、销售环节的有机结合，逐步形成完整的农业产业体系。

农业产业新主体的培育，是在原有家户小农经营主体之外，发展规模化农业经营主体。其中包含专业大户、家庭农场、农民合作社、农业产业化龙头企业和经营性农业服务组织等多元化新型农业生产经营主体。事实上，家户小农的生产效率未必低于规模化农业经营，但是，这种"高效率"是建立在家户过度的劳动投入基础之上的，除了少部分精作农业之外，对于大部分农业而言，都显得投入过多，尤其是粮食等涉及国家基本生存物资方面，小农经营副作用极大。由于小农经营缺乏规模优势，使得小农无法在化肥使用、农药喷洒等方面实现精准化管理，很容易造成乡村土地的人为污染。同时小农经营意味着大规模精细化灌溉体系存在建构的困难。因此，从乡村农业发展的大局出发，仍然要以发展乡村规模化经营主体为主。当然，这并不意味着所有的农业经营都需要实现规模化，对于某些农业而言，精细化小农经营是必需的，例如对于某些蔬菜、花卉等产业，这些产业对于人的精细工作高度依赖。总而言之，多主体共同发展，规模化经营主体为主，是培育农业产业新主体的基本原则。

除了农业生产主体培育之外，增强农业服务产业主体的培育也是拓展农业产业活力的重要环节。将农业基础服务和市场服务交给农民，让农民据此组建合作社、经纪人组织等，从市场准入、资金支持、税费减免、人才引进等方面加大扶持力度，加快推动服务主体多元化、形式多样化、运作市场化。大力发展农业生产性服务，鼓励和支持经营性农业服务组织参与良种示范、农机作业、抗旱排涝、沼气维护、统防统治、产品营销等服务性工作。

四、文化创新

农村是一个文化体。在一般意义上，文化是指一个社会的总和。在现

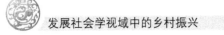

代语境中,文化代表与特定自然地理捆绑的历史性现象。它与文明相对应,文化代表了人类社会内部存在的特殊性,而文明则代表了人类社会存在的普遍性的一面。乡村作为人的自然生存地,天然具有文化的特质,乃是一个典型的文化体。乡村中人的各种活动与文化息息相关,文化对于乡村的经济、政治、社会治理等行为而言,不是外在的存在,而是一种内嵌的存在。脱离本地文化是无法理解乡村经济与政治的脉络的。因此乡村改革创新内在蕴含着文化创新,文化创新是乡村振兴中改革创新的核心组成部分。

从历史上看,乡村变革的过程就是文化变革的过程。乡村变革是否成功与文化变革有内在关联。新民主主义革命时期,中国共产党之所以能够实现农村包围城市、武装夺取全国政权,不仅仅与其在农村开展土地革命有关,而且与其在农村发动文化革命有关。

中国乡村传统文化是一种高度封闭性和专制性的文化类型。毛泽东曾经指出:"中国的男子,普通要受三种有系统的权力的支配,即:(一)由一国、一省、一县以至一乡的国家系统(政权);(二)由宗祠、支祠以至家长的家族系统(族权);(三)由阎罗天子、城隍庙王以至土地菩萨的阴间系统以及由玉皇上帝以至各种神怪的神仙系统——总称之为鬼神系统(神权)。至于女子,除受上述三种权力的支配以外,还受男子的支配(夫权)。这四种权力——政权、族权、神权、夫权,代表了全部封建宗法的思想和制度,是束缚中国人民特别是农民的四条极大的绳索。"①因此,在土地革命的过程中,不仅要改变旧的土地所有制,而且要改变旧的乡村文化结构,将农民从族权、神权、夫权中解放出来,塑造新的乡村文化。在中国共产党的领导下,农村的包办婚姻、买卖婚姻制度被废除,自由平等的婚姻制度确立。乡村文化的改造有力地支援了土地所有制的变革,为土地革命的成功做出了巨大的贡献。

当然,必须看到,乡村社会由于其历史与现实的原因,教育知识水平较

---

① 毛泽东选集[M].北京:人民出版社,1991:31.

低,许多落后、腐朽的文化传统仍然在农村有较大的生存市场。例如轻视知识、读书无用论、小富即安、迷信等观念在乡村仍然较为盛行。这种观念的广泛存在,对于农村的经济、政治发展都带来了不良的后果。对这些落后、腐朽文化传统的改造,将是一个相当长期的历史过程。

第四章　发展主体：新型农民

乡村振兴是新时代社会主要矛盾转换背景下，推动农业农村现代化，实现高质量生产、高品质生活，美好生态的过程。农民作为乡村振兴的主体，同样要与时俱进，紧跟时代变化，从过去的传统型农民转换为新型农民，才能肩负起乡村振兴的时代重任。

第一节　乡村振兴需要新型农民

乡村振兴的根本目的在于人的发展，人在其中不仅仅是发展的对象，同时也是发展的主体。换言之，乡村振兴的过程，同时也是一个农民主体性培养与发挥的过程。传统的旧农民不可能承载乡村振兴历史使命，只有对传统农民进行提升改造，培养新型农民才能为乡村振兴奠定坚实的基础。

一、新型农民的内涵

新型农民概念的提出最早可以追溯到21世纪初。2005年10月8日，中国共产党十六届五中全会通过《中共中央关于十一五规划纲要的建议》，提出要按照"生产发展、生活宽裕、乡风文明、村容整洁、管理民主"的要求，扎实推进社会主义新农村建设。在此之前，自20世纪50年代起，我国就多次提出过"建设社会主义新农村"的口号，不过由于过去城乡二元分割，城市自身发展不足，农村产出有限，农村建设很难有什么新举措。进入新世纪以来，我国总体上进入以工促农、以城带乡的发展新阶段，农业农村逐步从沉重的财政负担下解放出来，获得了快速发展的机会。

在此背景下，2006年中央一号文件提出了新型农民的定义，即"有文化、懂技术、会经营"的农民，其中，有文化要求农民能说会写、崇尚科学、知法守法、自主自强；懂技术要求农民具有较高的科技素质，即要熟练掌握一定的生产技能和技巧，熟练掌握农业生产的专业知识；会经营要求农民具有一定的经营和管理能力，能在以高效益、高效率为目标的前提下，合理配置手中的各种资源，有序地组织生产和参与市场活动，获得较高的经济效益。

随后，在党的历次中央全会上，有关农业问题的决议中，多次提出要培育新型职业农民。2013年的中央一号文件《中共中央国务院关于加快发展现代农业进一步增强农村发展活力的若干意见》，再次明确提出"要大力培育新型职业农民和农村实用人才，着力加强农业职业教育和职业培训"，同时首次提出"家庭农场"，表明"有一定的文化水平、有经营管理能力、懂科学技术"的职业农民是今后培育新型农业经营主体的一个重要方向。

新型农民的内涵并不是固定不变的。随着社会主义新农村建设的不断深入，新型农民的标准也会随之提高。随着时代发展，新型农民要求农民不仅要具备有文化、懂技术、会经营这些素质，还要有开拓创新精神，敢想敢干、敢试敢闯，同时要具有民主法制和现代文明意识，积极倡导社会主义荣辱观，养成良好的社会公德和家庭美德等。总而言之，在新时代，新型农民不仅需要具有较高的职业素质，还要具有较强的文化素质；不仅具有丰富的科技知识，而且要拥有较高的思想道德素质，不仅要掌握在农村生产生活的必要知识，而且要具有学习能力，能够随着农村事业的发展不断提高。今后的新型农民将是全新的高素质新农村建设者，在整个乡村振兴中占据不可替代的主体地位。

二、新型农民与传统农民的区别

与传统农民相比,新型农民已不仅仅是"直接从事农业生产的劳动者","有文化、懂技术、会经营"成为新型农民最基本的要求,是新型农民的基本内涵和标准。新型农民是综合各种要素的新生产者,是农村先进生产力和先进文化的代表,是集经营管理、示范生产、技术服务为一体的农村规模化、专业化经营的新一代劳动者。他们是适应社会经济发展和新农村建设的需要而产生的,已经不是传统身份意义上的农民,而是职业意义上的现代农民。因此,"新型农民"相对于"传统农民"而言,不仅仅是一种称谓上的区分,更是在内涵上有着本质上的区别。概括来讲,新型农民与传统农民的区别主要体现在以下几个方面:

(一)新型农民具有现代性

新型农民之所以"新",是因为他们适应了我国社会经济发展和乡村振兴的要求,具有现代的价值观念和生产能力。首先,新型农民在文化观念上,不因袭传统的听天由命、自给自足、知足常乐等观念,而是具有不断主动增强的自我主体意识、开放交往观念以及不断进取实现人生价值等现代观念;其次,新型农民能够将这些现代观念应用到现代化产业经营中,采用现代化的生产方式,积极将高新技术成果应用于农业生产中,改变传统的手工体力劳作,采用机械化的大规模生产,从而实现生活方式和生产方式的现代化转变。

(二)新型农民具有较高的创新素质

同传统农民相比,新型农民具有强烈的创新素质。具体来说,创新素质包括自主性、能动性、学习性和发展性等方面的素质。① 自主性表现为有自主选择职业和劳动方式,自主支配自己的劳动对象和劳动成果,自主参与农

① 陈庆立.中国农民与新农村[M].北京:群言出版社,2008:137-139.

村基层政权组织的民主管理和自我管理的权利意识等；能动性表现为在推动自身富裕和农村现代化中的强烈进取心，能够主动为增加收入、改变自身状况、推动新农村建设献言献策，有一定的积极性和主动性；学习性表现为在改变自己命运和建设美丽乡村乃至推进农业现代化中有着清晰的学习意识，通过不断的学习适应现代社会的快速变化，通过学习不断来改变自我，通过有目的的学习解决现实产业经营中的各种问题，这也是现代新型农民与传统农民的主要区别；发展性要求农民具备发展意识，不能满足于现状，得过且过，要积极进取，不断谋求更高层次的发展，不仅包括自身素质的全面发展，还包括促进农村事业发展的意识。

（三）新型农民具有较强的乡村守护意识

传统农民之所以居住于乡村，乃是外部环境强制的结果。在传统农村，农业生产落后，乡村文化封闭，农民之所以不离开乡村，不是不愿意离开，而是无法离开。这种无法离开，既有对于外部世界的无知与恐惧，也有现实的迁移困难。换言之，在传统农村中，农民被强制束缚在土地上，对于乡村本身的热爱度有限，如果有机会，他们更倾向于离开农村，到更为发达与繁华的城市中去。因此，在传统中国，一方面农民表现出安土重迁的意识，长期留滞某地，繁衍生息，另一方面又表现为对科举无比热忱，时刻盼望族中能够出现贵人，光宗耀祖，这其中不仅有科举成功后给本族人所带来的恩宠效应，而且与农民在本质上不喜欢乡村的恶劣环境有关。所以，传统农民在本质上是不安于在农村中生产生活的，如果有可能，他们都期望能够跳出农门，摆脱农业。他们其实对于乡村文化缺乏守护意识，缺乏文化自觉。他们之所以在表面上表现出对于乡村文化的守护，很大程度上，是由于这些"文化"与他们的生活直接相关。也就是说，对于传统农民来说，其实乡村是没有文化的，有的只是实用的存在，一旦其丧失实用价值，"文化"就会丧失存在意义。

一个最为突出的表现是，过去北方乡村大多是瓦房，而改革开放以后，

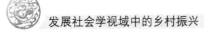
随着农民收入的提高,几乎所有的村庄都放弃了瓦房,而以平房替代。事实上,无论从文化美观角度,还是从建筑角度,在农村瓦房都优于平房。平房对于太阳反射较低,在夏天往往闷热不堪,而瓦房则由于独特的结构,夏天能够有效降低室内温度;农村平房由于技术原因,普遍存在屋顶漏水现象,而瓦房却很少有这种后顾之忧。平房唯一的用途是可以用来晒粮,但是由于农村家庭院落面积巨大,完全可以将院落空地硬化,没有必要将房顶作为专用晒粮场地。

与传统农民相比,新型农民对乡村文化有着较为自觉的认同。也就是说,更愿意扎根乡村,在乡村中实现自己的人生价值,而不是将乡村作为一个临时的栖息地,一个过渡性的跳板。在这种情况下,新型农民不会仅仅从实用的角度来看待乡村,而是有着充分的文化自觉。

总之,新型农民是一个历史的范畴,是特定社会历史阶段的产物,是时代的产物。新型农民是适应我国社会经济发展和社会主义新农村建设的需要,具备基本的科学文化素质,掌握相应的农业生产技术,懂得经营管理之道的新一代劳动者,是集知识型、技能型和经营型于一身的现代农民。

三、新型农民对于乡村振兴的重要意义

(一)新型农民对现代农业的意义

"现代农业是在现代工业和市场经济高度发展的基础上发育的,以市场为导向,以科技为动力,利用现代管理理念和手段开展农业生产与经营,以提高农业整体效益为目的的新型产业形式。"①

乡村振兴的基础是产业兴旺,这里的产业兴旺,不仅仅限于农业,同时也包括其他产业。不过,由于中国的基本国情,以及社会分工的原则,乡村产业仍然要以农业为主干。很显然,这个农业不是传统农业,而是现代农

---

① 陈玉光.现代农业的本质特征及发展路径[J].中共石家庄市委党校学报,2009(04):32-34.

业,只有现代农业振兴才能为乡村振兴奠定坚实的经济基础,只有现代农业振兴才能为我国的全面建成小康社会培根固元。

农业生产方式的改变是一个历史过程。人类从采集经济转向农耕经济,已有近万年的历史。原始农业阶段,与新石器时期相当,经历了约8000年的漫长岁月。在铁制农具和畜力应用于农业后,进入传统农业(又称古代农业)阶段,也经历了2000年左右。现代农业,是以现代工业、现代科学技术和现代市场经济发展为前提的,其历史还很短。直到20世纪中叶,一些经济发达国家,将现代工业和科学技术的成果应用于农业,推动农村经济向市场经济转化,才逐步实现农业的现代化。乡村振兴背景下的现代农业,可以被认为是农业的现代化充分发展阶段。在此之前,农业生产仍然带有传统农业的残余。

总体而言,现代农业是继传统农业之后,农业生产力发展的一个新的历史阶段,与传统农业有着本质的区别。这些不同主要表现为以下几点。

其一,物质基础不同。传统农业的物质基础是简单加工的工具,以人力和牲畜为基本动力,以自然物资作为农业肥料。简而言之,一切都是以可以被直接获得的物资作为物质基础。现代农业则是以机械工具、油电矿物能源,以及化工产品,人为加工的不能直接获得的合成物资作为物质基础。趋于完善的现代农业更进一步,是以信息化、智能化的机械工具为物质基础。

其二,技术体系不同。传统农业的技术体系建立在直观经验基础上,本质上是一种手工作业的本能性技术。现代农业则是建立在现代科学基础上,以机械作业为基本载体的技术。

其三,经营方式不同。传统农业的经营方式是小规模的自给半自给性生产与消费,生产的主要目标是为了维系自我的生存。现代农业则是大规模的社会化商品性生产,其生产的主要目的在于获得市场利润。因此,农业现代化的一般特征可以概括为:用现代工业装备农业,增强农业的物质基础;用现代科学改造农业,建立先进的技术体系;用现代经营方式变革农业,提升农业的市场经济水平。

乡村振兴是在信息化背景下展开的,它不仅与传统农业不同,而且与近代农业也不同。因此,在乡村振兴中发展现代农业必然涉及如下几个方面的问题。

第一,提高农业的生产率是农业现代化的基础。对于现代农业,不仅有产出的量的要求,还有利润的要求。因此,对于现代农业生产,我们不仅要提高总产量,更要提高生产率,只有这样才能确保足够的利润。对于我国而言,农业同时还有为社会提供粮食安全保障,提供基本生活物资供应的刚性职能,在我国可耕地数量有限的背景下,提高农业生产率有着更为重要的意义。只有提高农业生产率,才能保证数量有限的耕地上有足够的产出,从而确保我国的粮食安全。

第二,提高农产品的经济效益是农业现代化的基本要求。如前所述,现代农业是一个市场性产业,其存在必须以足够的利润为前提,没有足够的市场利润,就无法在市场中生存。尽管基于国家安全战略考虑,国家可以为农业提供相应的补贴,但是建立在补贴基础上的农业如果缺乏市场竞争力,就无法在乡村振兴中起到支柱性作用。如果农业不能在乡村振兴中起到支柱性作用,那么乡村振兴就失去了自身的存在根基。毕竟,对于其他市场性产业来说,未必一定要在乡村才能发展,城市可能更具有吸引力。

第三,提升农产品的品质是农业现代化的核心要求。新时代我国社会主要矛盾转换,使得人们对于商品的个性化、品质化与生态化的要求提高,由此而导致现代农业不仅要重视产出的量,更要重视产品的质量;不仅要关注产出的结果问题,同时需要关注生产流程本身。也就是说,现代农业生产是生态性生产。它不仅包括产品的生态性生产,同时包括生态性生产的信用体系的生产,是一个"可测量、可报告、可核查"的生产体系。也就是说,农业的生态性生产,要求我们在生产系统之外,投入足够的资金与科技建构一个与生产同步,贯彻生产、流通、销售全过程的监控、测量系统。不仅如此,提升农产品的品质还可以有效提升农产品的附加值,从而大幅度提升农业的经济效益。

这意味着,现代农业不是一个单纯的农业生产部门,而是一个多产业融合的产业体系。它既有农业产业内部的融合,也包括农业与非农产业的融合。通过这些融合,一方面使得科技要素全面嵌入农业生产体系中,提高现代农业的科技水平,从而提高现代农业的产出质量;另一方面使得农业生产与市场联系更加紧密,我们能够更好地把握市场动向,获取更高的收益。大体来说,现代农业产业融合主要包括三种方式:

一是垂直一体化企业发展战略。垂直一体化企业发展方式是指某一个企业内部,运用投资、合作、经营、控制等方式,进行农副产品生产,品牌营销、售后服务等一系列产业活动。企业通过整合资源、开拓技术、加强信息交流、提高农产品使用效率,融合三大基础产业发展,从农产品生产,到工业加工增加附加值,最后到品牌营销和售后保障,进入高回报产业,这是三大基础产业最强联系发展战略。但是该发展方式进出壁垒高,与同行业联系低,经营管理模式复杂,产业链完成周期长,具有高风险性。基于农业现代化对三大基础产业融合研究表明,单一产业的企业不宜操之过急,应根据企业发展水平,逐步提高抗风险能力和经营管理能力,通过兼并和收购处于产业链上下环节的公司来扩张产业链,成长为垂直一体化发展企业。

二是合同制联合发展战略。合同制联合发展战略是指一个市场组织,通过合同的方式联合相关组织,围绕一项或多项农产品进行生产、加工、贸易的分工经营的产业方式。农民依旧是我国农业生产的主体,合同制联合发展模式联合贸工农一体化发展,解决我国农民生产分散化问题,促进我国农业发展走向集约化和现代化。该模式在我国已经发展较长时期,对于出现的产销利益失衡、垄断价格、合约期限等一些问题,可以进行股份制改造,依次改进和强化企业与农户之间的利益关系,完善工商资本进入农业的相关政策,将农民的土地、劳务和其他贡献以财产性方式入股企业,以股权方式激励合作双方在互惠互利的前提下共担风险、共享收益。

三是电商销售平台发展战略。电商平台销售模式是指运用互联网技术,利用现代物流运输,将农产品及农副产品通过网络销售,与消费者联结

而形成的农业现代化新型产业发展战略。近年来,电商销售平台发展迅速,农户个体向电商企业发展,小作坊生产迈向工业集约化生产。目前,淘宝、天猫、京东等网站是我国大型的销售网站,这些网站使得农产品突破了时空限制,在全国甚至全世界范围内流通。电商销售方式成本低、市场广阔、售后保障强,符合农业现代化的发展方向。该战略完美地融合了三大基础产业的发展,不仅可以带动农业的繁荣,还可以促进工业和第三产业的变革。我国应该进一步大力推动电商网络技术创新和普及,开拓农村物流快递服务,建设配套的农村物流设施,推动农村电子商务信息化发展,适当地推广"淘宝村"建设。

现代农业发展,对于劳动者的素质提出了新的要求。现代农业与传统农业产业发展不同。传统农业生产流程固化,其生产规范一旦确定就不需要更改与修正,如果需要,也是管理者的事务,与普通操作员无关。传统农业更需要的是勤勤恳恳、循规蹈矩的操作员,他们的主要使命就是听从来自于上级的指令,扎扎实实把这些指令程序落实即可,并不需要创造性理解与运用。而现代农业中,生态化、个性化与高品质的要求,意味着农业生产过程具有高度的反馈性,生产规范不是一成不变,必须根据不同的客户要求与现实的生态环境变化予以及时的动态调整。所以,现代农业的所有规范都是原则性的、方向性的,必须在实践中根据不同情况实时调整。农民不仅要依照一定的规范操作,而且要能够对操作规范有内在的理解,具有灵敏的反应能力,这样才能在生产中即时发现问题,及时反馈,不断修正操作规范,才能适应市场与生态的需要。换言之,每个农民不仅是农业生产劳动的操作员,同时也是操作规范的实践者、反思者与修正者。因此,只有新型农民才能胜任新时代的现代农业,传统农民是无法支撑起现代农业的。

(二)新型农民对乡村文化守护的意义

在一般意义上,乡村文化是以乡村空间生产为基础形成的人类的生产生活统一体。它超越了产业利益层面,是一个经济、利益与思想观念的统一体。近代以来,受工业化与城市化影响,乡村文化遭到诸多破坏。这种破坏,既有利益层面的破坏,体现为乡村产业的凋零,也有精神层面的破坏。在这一背景下,许多人将乡村文化视为一种落后、愚昧的存在,认为必须全面废弃乡村文化,中国社会才能发展,乡村才能发展。应当说,这种想法有一定的道理。传统乡村以耕作农业为主,传统的耕作农业以手工劳动为主,采用小农经营方式,生产力水平低,人在自然面前缺乏自立能力,人作为自然的依附物,缺乏自我主体性。总体上看,传统乡村文化的确存在违背人性之处。但是,这并不意味着乡村文化应当予以废除,被现代城市文化所取代。

首先,这种简单否定传统乡村文化的想法并不符合人类文化多样性的基本事实。人类文化的形成是人类自我主体性张扬的结果,文化即人的主体性展现。在一般意义上,文化意味着人与动物分离,具有了自我的独立性与自主性。既然文化以人的自主性为前提,那么这种自主性,不可能仅仅局限于少部分人,而是应当普泛于大多数人。而人类每个个体都不相同,由此而结合的群体也不可能雷同。所以,文化本质上具有多样性,城市文化仅仅是人类文化的一种类型,不等于人类文化的全部。其次,城市文化更多体现的是人对于自然的改造特性。城市作为人为的空间,与自然分离,不可避免容易造成人无所不能,似乎可以脱离自然的假象。所以,为了弥补城市文化的隐患,必须有与城市文化不同的乡村文化来弥补中和。

文化的守护,在根本上依赖于社会大众的参与。社会大众对于文化的守护有两种状况,一种是自发的基于实用功利意义上的守护,一种是自觉的基于价值精神意义上的守护。对于社会大众而言,文化并非外在于他们的存在,而是与他们生产生活密切相关的存在。因此,一般情况下,大部分人更倾向于基于实用功利意义上的守护。这种守护的优点在于守护积极,立竿见影,其弱点在于,容易受个人感情影响,良莠不分,对于文化的创新与优化持否定态度。更为合理的守护是第二种,即自觉的基于价值精神意义上的守护。在这种守护中,社会民众已经有了清晰的文化自觉,对于何为优秀文化、何为糟粕文化有了清晰而且合理的界定，能不以个人习惯或好恶作为文化优劣的判定标准，而是以是否有利于人的主体性张扬，是否有利于人与自然的和谐，是否有利于人与人之间的和谐规范作为判定标准。只有这样的守护才能真正守护文化，才能真正使文化长存且不断发扬光大。

对于乡村文化而言，传统农民并不是恰当的守护者，传统农民由于知识、见识所限，对于文化的优劣缺乏辨析能力。而且由于其见识不足，生活圈子狭小，往往对于一些糟粕内容有所偏爱，例如封建迷信、奴性观念等，他们对于这些内容有较高的认同感，投入较大，其结果不仅不利于乡村社会的发展，也给乡村文化的生命力造成伤害。

乡村振兴，同时也是乡村文化的振兴。这种振兴不是过去乡村文化的简单复活，而是在传统乡村文化的基础上，取其精华，去其糟粕，结合现代社会变化而形成的新乡村文化。它一方面与现代城市文化相通，共同构成人类文化的整体，另一方面与自然相通，具有明显的乡村特色。因此，乡村振兴中的文化振兴不可能依靠传统农民来守护与振兴，只有新型农民才能承担这个历史重任，推进乡村文化振兴。

第二节　新型农民培育的经验借鉴

目前我国农民整体科技文化素质相对低下，其观念更多停留在摆脱生活困境、发财致富的层面，对于美丽乡村建设和乡村振兴缺乏主人翁意识。因此，必须对其进行教育培育，才能有效实现乡村振兴。从历史来看，新型农业的培育过程，与传统乡村改造同步进行。在不同国家和不同历史时期，培育新型农民的做法也有所不同。不同国家、不同历史时期培育新型农民的历史经验，对新时代乡村振兴的新型农民培育有着重要的借鉴意义。

一、中国培育新农民的经验

新中国成立前，中国共产党就已经开始了改造乡村的实践，不过由于战争的原因，其规模较小，力度有限。新中国成立后，大规模的战争结束，农村基本制度发生根本改变，全面建设问题提上议事日程。对农民的教育改造问题也成为当时的一项主要工作。

（一）对农民进行知识文化教育

1949 年以前，受社会发展水平限制，大部分民众没有财力物力支持其读书识字。民国时期，政府曾经颁布一些扫盲文件，进行了几次扫盲运动，但由于缺乏有效组织，收效甚微，基本都以失败告终。据 20 世纪 50 年代初期的一般估计，全国文盲数量占总人口的 80% 以上。

1949 年 12 月，第一次全国教育工作会议在北京召开。会议提出争取从1951 年开始，开展全国大规模的识字运动。与民国时期的敷衍了事不同，中国共产党以人民为中心，坚持全面动员、全民参与的原则，充分发挥人民群众的积极性和创造性，创新各种教育形式，识字运动取得前所未有的巨大成果。

农村扫盲的主要形式是开展冬学运动，冬学运动在抗日战争时期就已经产生。新中国成立后，这项运动被推广到全国。在此基础上，1954 年 3 月22 日，教育部、扫盲工作委员会联合发布《关于 1954 年组织农民常年学习的通知》，农村扫盲形式从临时性的冬学成长为常年性的业余学校。党和政府组织农民在生产空闲时间继续学习。不仅如此，地方各级政府和农民自身还创新了诸多学习形式，如利用农忙时节，推行"小黑板下地""边走边唱边学习""挑担识字"等学习形式，这些做法有效地提高了农民学习识字的效率，取得了丰硕的成果。许多成年农民都能够识字 1000 个左右，可以简单地

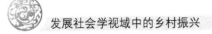

阅读书报,而不像过去那样睁眼瞎。①

在对成人扫盲的同时,还展开了义务教育普及活动,大多数农民小孩可以进入学校接受基本的文化知识教育。通过一系列的文化教育活动,全面提高了农民的文化素质,为后来乡村的发展奠定了基础。

（二）培育农民的政治参与能力

中国是一个有着几千年封建专制历史的国家,农民一直是一个被排除在政治权利之外的群体。新中国成立后,中国共产党对广大农民群众进行了形式多样的思想政治教育,改变了长期以来农民对政治比较冷漠的心理,提高了广大农民参政议政的热情,实现了广泛的社会动员。

许多农民积极参与到乡村事务管理中。1949年在北京召开的各界人民代表会议中,就有30多名农民代表参加。当然,农民代表不是作为投票机器,而是以一个主人翁的姿态提出许多建议和意见。同时,许多地方的农民从家族中走出来,加入共青团、农协等社团组织。除了这些带有较强政治性的组织之外,农民还结合起来,形成农会、互助组等带有社会经济互助性质的组织,极大地提升了农民的政治参与能力。

除此之外,根据农村大众文化水平,利用通俗文艺、民间戏剧等方式传播政治思想,同时以农民为骨干建立起全面的宣传网,采用各种方式增强农民的政治参与意识。除了大字报之外,"在有些村落中没有广播,宣传队员就站在山包上用简易话筒朝山凹里的村民传递各种信息"②。通过广泛的政治宣传和社会动员,一方面对我国基层的统治起到了很大的辅助作用,另一方面有效提高了农民的政治参与意识。

二、韩国培育新农民的经验

韩国对于新兴农民的培育是全方位的,并非仅仅局限于少数人,也并非

---

① 北京市搬运工会.实验"速成识字法"获初步成绩[N].光明报,1952-5-8(2).

② 吴毅.从革命到后革命:一个村庄政治运动的历史轨迹——兼论阶级话语对于历史的建构[J].学习与探索,2003(002):36-42.

仅仅局限于职业技能,而是一个从空间到个体的全覆盖教育过程。在新型农民职业培训中,知识技能的培育是表层,其深层基础是对农民的精神道德素质的培育。通过精神道德文化培育,使得农民具有较强的农村主体与农业主体意识,能够以积极的态度投身到职业技能提高上。从历史进程来看,新型农民的出现最初是以新农村运动为依托展开的。通过新农村运动,培育和激发了农民的主体意识,使得农民能够积极主动地建设新农村,提高自我技能。

20 世纪 60 年代,韩国农村人口约占总数的 60%,国民生产总值的 40% 左右依赖于农业。同时由于韩国的城市化,引发许多年轻人离开农村到城市谋生,导致农村劳动力老龄化、弱质化,其结果是韩国农业濒临崩溃。为解决韩国工业化过程中的乡村衰落问题,1971 年初朴正熙政府展开了一个实验性项目"新村运动"。该运动分为三个阶段:改善乡村居民的生活环境条件(1970—1973 年);发展生产和增加收入(1974—1976 年);精神启蒙(1977—1979 年)。

新农村运动包括几个方面:新农村空间的改造,生存空间的改造,公共空间的改造,文化空间的改造,政治空间的改造。在改造的过程中,农民是主体,农民参与到改造过程中,在改造农村的同时改造自己。政府的各种新型农民培训措施被渗透进来。新农村运动最大的成就是培育出了新型农民群体。农民不再像过去那样,封闭、保守、盲从。

新村运动早期在政府的主导下进行,政府主导的目的在于培养村民的自主能力。正是在这个目标的引导下,韩国新村运动取得了巨大的成功,为农村复兴提供了活力。因此,在新村运动中,农民的捍卫自主权的积极行动与自主意识培养至关重要。在制度上,新村运动包括以下几个方面:

1. 村民拥有是否参与新村运动项目的自主权

新村运动的开展,建立在农民的响应与参与基础之上。那么,究竟是强制农民参与还是农民自主参与? 韩国政府采用了引导的方式,通过宣传、发动、财政补贴等方式引导农民参与新村运动项目。在这个参与的过程中,新村项目是透明的,农民对于参与项目可能的后果有着充分的了解,然后再根据对于项目的认知,自主决定是否参与或多大程度参与。换言之,新村运动确保了农民的退出权,在这一权利的保障下,农民不仅可以表达他们对项目与其利益相关程度的看法,而且可以对项目的选择形成一定的约束,促使相关人员在选择项目时,尽可能地了解农民最关心和最想解决的问题,听取农民的利益诉求,维护农民的利益。

由于充分尊重农民的自主参与权,因此,政府在主导新村运动过程中,并没有一厢情愿地替农民建设乡村,而是从农民需要出发,结合政府自身的财力物力水平,有针对性地改变农村面貌。在新村运动初期,广大农民最关心、最迫切需要解决的问题就是改变农村的生活和生产环境。所以,韩国政府将项目开发和工程建设的重点放在改善农村公路、改善住房条件、实现电气化、改善农村饮水卫生、推广高产水稻新品种、兴建农村公共设施等方面。由于政府的政策与广大农民的现实需要一致,这些项目和工程能够顺利实施,不仅改变了农村面貌,同时提高了新村运动的声誉,为下一阶段的顺利展开提供了信用基础。

2. 村民对新村运动的领导人具有选择权

合格的领导者及其领导的核心小组是任何集体行动的核心。他们不仅是集体行动的管理者与引导者,同时也是技术创新的传播者。尤其是农民行动中,由于农民的从众特性,决定了新村运动领导人的选择必须非常谨慎。可以说,运动和项目的成败几乎完全取决于领导人的选择。领导人的产生可以有两种途径,一是自上而下任命,二是自下而上推举。对于政府而言,自上而下任命的领导人更听话,更容易接受政府的领导,有利于政令的推行。但是自上而下任命存在一个根本的缺陷,就是这些领导人会脱离农村实际。因此,在理想意义上,新村运动的领导人应当采用第二种方式产生。

在现实中,韩国政府尊重村民意愿,新村运动的领导者并非任命或自封,而是由村民或核心小组选举产生。在村民选举中,并不简单依据票选,还需要考虑候选人素质问题。村民或核心小组不仅会考虑候选人的素质，还会考虑候选人是否能够代表村社的集体利益，是否符合村社变革发展的需要，是否能够开展实际工作。由于领导人产生的决定权在下，使得这些领导人在新村运动中能够有效代表村民利益，有效防止了新村运动中的腐败现象。

3. 村民对新村运动项目的确定具有发言权

新村运动的各种项目中，有些与村民家庭个体的利益直接相关，有些涉及公共领域建设问题，与村民个体缺乏直接关联。这种现实导致某些村民对这些项目不认同。如何应对这一困境？一种方法是无视村民的要求，打击这种短视的行为，另一种方法是正视村民的这种短视，通过说服、宣传动员的方式来获得村民对于项目的认同。前者在执行上较为简单，但是后遗症大，因为这种行为建立在剥夺村民对于项目的发言权基础之上，有可能造成运动开展中的搭便车行为；后者在短期内导致运动推进不力，项目成本变高，但是从长期来看，是有利于项目健康运行的。

因此，韩国政府在新村运动中坚持后一种方法，确保农民对于项目具有发言权。在具体实施上，政府首先选择那些可以马上带来实际效果、起到较好的示范和激励作用的项目，引起村民共鸣，加强村民对新村运动的认识；然后，通过村民选举出来的领导者或村社发展委员会参与到新村项目规划与实施中，政府在宏观上制定相关项目指导方针，结合村社经济社会发展实际提出项目目标和计划，村社领导人或者委员会组织农民讨论项目规划，听取村民的意见与建议，谋求村民的同意尤其是利益可能受到损失的村民的同意。通过小组会议或村民大会，村民可以自由、平等地对相关项目进行讨论，发表观点，细化项目内容，反映自身利益与需要，并对项目进行投票。

4. 村民对新村运动项目的实施具有知情权

村民对于新村运动的知情权利，不仅在初始阶段，而且贯穿于整个运动过程之中。项目领导人或村社发展委员会负责人不仅要按要求向上级地方首脑报告项目的每周和每月进度，还要定期在村民小组会议或大会上以简报或评估报告的形式向广大村民报告项目的进度,使广大村民了解项目的实施情况。如果项目涉及大多数村民,通常在项目执行到一半或完成时,项目领导人或村社发展委员会负责人召开项目实施情况的简要介绍会,向村民介绍项目的进展或结果,以便使村民进一步认识项目,了解其努力的成果,增强对参与项目的热情。项目介绍会不仅是一个关于项目进度过程的知情会,同时也是对于村社领导人的考核会,如果项目进行存在重大问题,村社领导人或者委员会必须对此做出有效解释,否则就会面临被罢免的处分。通过过程知情权的保持,既减少或修正了项目实施过程中的失误,防止项目实施偏离既定的目标和轨道,又可以提高村社组织的制度化水平。

5.村民对共有财产的使用、管理具有表决权和监督权

在新村运动中,适应一些项目实施的需要,或作为一些项目的结果,往往会形成一些共有财产,如共有生产资料、公共设施、共同基金(joint fund)等。虽然这些共有财产有专门的机构和人员管理,但对于共有财产的使用和管理,村民具有表决权和监督权。以共同基金为例,共同基金主要是为新村运动项目实施而由村民通过合作劳动、合作经营或共同投资设立。基金主要用于建设村礼堂、公共仓库、图书馆、诊所、供水系统、托儿所、进村道路、电力线路、电话线路和互联网等公共设施,购买和维护用于这些公共设施的交通运输工具、机械、乐器、书籍等,帮助一些需要资金的村民,或投资于乡村企业、合作生产企业、共有农田与山林的开发等一些可以带来利润的项目。基金虽然由正规的金融机构管理,但以法人代表和成员的名义共同设立,而且基金的使用需经过成员的同意,资金使用的明细也须告知成员。通过行使对共同基金使用的表决权和监督权,村民不仅可以表达其对一定时期村社发展的方向和重点的看法,还可以提高资金服务于村社公共生产、生活的效率,抑制资金的滥用与浪费。

新型农民之新不仅在于知识技能之新,更主要的是其具有高度的自我独立与参与意识。这种意识的培育在现实的社会政治实践中才能形成,不可能通过书本教育获得。韩国新型农民培育的成功,与其在新农村建设中

尊重农民主体权利,鼓励农民主体性参与有内在关联。

第三节　新型农民培育的原则与路径

新型农民培育是一个长期过程,对此没有格式化的标准,需要根据现实的农民与农村情势,具体情况具体分析。尽管如此,新型农民培育仍然有迹可循,需要遵循一定的原则展开行动。在路径的选择上,也有一定的侧重。这样选择,既有现实情势的原因,也有一般原则的要求。

一、新型农民培育的原则

(一)要将培育农民的主体意识、责任意识、协作意识,作为新型职业农民培育的核心

现代新型农民之所以"新",不仅仅在于其与传统农民相比,具有科技文化知识,更主要的是其具有独立的主体意识。马克思曾经指出,传统小农"不能以自己的名义来保护自己的阶级利益,无论是通过议会或通过国民公会。他们不能代表自己,一定要别人来代表他们"。由于传统小农缺乏独立的主体性,这导致传统小农在政治上与现代社会相敌对,不能成为市场经济中具有责任能力的主体,在政治上,"他们的代表一定要同时是他们的主宰,是高高站在他们上面的权威,是不受限制的政府权力,这种权力保护他们不受其他阶级侵犯,并从上面赐给他们雨水和阳光。所以,归根到底,小农的政治影响表现为行政权支配社会"①。在经济上,体现为投机与无力。黄宗智指出,中国传统农业是一种有增长无发展的产业,是一种过密化产业,就

---

① 马克思恩格斯文集.第 2 卷[M].北京:人民出版社,2009:566-567.

是这种投机与无力的表现。由于缺乏市场主体性的意识与能力,传统农民在生产上不能主体性参与市场,而是被动地适应外部物价的变化,因此容易造成一窝蜂生产的现象,体现在经济学上就是过密化生产。

改革开放以来,我国农村经济有了长足的发展,但是农民的独立的主体性却发展有限,无论在政治上、经济上,还是文化上,仍然没有形成具有责任意识、协作意识的主体。在经济上,碎片化的经营不仅没有被遏制,反而得到了相当程度的强化,许多农户在生产中不仅缺乏协作,而且连过去的互助习俗也消弭不见。有学者调查发现,在我国农村许多地方,几乎家家户户都有一台小型潜水泵。① 事实上,在全村只有几口甚至一口井的村庄里,每家每户一台潜水泵,并无必要,完全是资源的浪费。除此之外,农村农业基础设施缺乏修缮,尽管在国家的资助下,完成了主体工程,但是最后一公里问题却始终是一个难题。

这些问题,在本质上都与当代中国农民缺乏现代协作、负责任的主体意识有关,农民仍然秉持传统的封闭性的主体观念。在这种传统封闭式主体意识的背景下,新的科技与管理知识并非沿着推进现代农业生产体系的方向前进,而是朝着扭曲的方向前进。一个明显的例证,就是近年来,随着化肥、农药等农业现代产业装备的发达,农业中的过量施肥,滥用药现象也日趋严重。因此,对新型职业农民的培育,必须以培育农民的主体意识、责任意识、协作意识为核心,否则投入越多,危害越大,反而起到南辕北辙的效果。

(二)坚持整体性原则

要将农村土地制度的结构、农民身份的转变、农业的资助与农民教育培训结合为一个整体进行规划。

农民是否愿意接受教育,是否愿意主动接受教育,在本质上取决于农民

---

① 袁松,邢成举.为什么当前"小农水"建设的投入是低效的?——以鄂中拾桥镇为例[J].中共南京市委党校学报,2010(3):29-32.

现实的生产生活收益,在经济意义上,任何学习都是一种需要耗费成本的行为。人们是否愿意接受教育,主动性从事学习,归根结底,取决于投入成本与收益比。人们是否愿意投入时间、财力、物力去学习新的科技知识、管理知识,取决于人们学习这些知识之后所可能获得的预期收益。对于农民而言,这与农民自己产业的经营规模有直接并且内在的关联。如果产业规模太低,农民学习科技知识与市场经营知识就没有什么必要性,传统的惯习性、模仿式的生产经营足矣,只有产业规模达到一定程度,采用新科技、新管理、新营销的收益才能与旧知识体系下的生产经营形成较大的收益落差,只有在这种情况下,农民才有学习新知识的动力。而对于农业而言,产业规模的扩大,产业收益的扩大,与农民的土地经营面积大小有直接关联,与农业产业的资助有直接的关联。因此,对于新农民的培育而言,农民教育培训与农村土地制度构成、农业资助政策之间具有内在的关联性。不考虑农村土地制度的资源配置,不考虑农业产业资助的政策导向,单纯为教育而教育是不可能真正起到培育新型职业农民的效果的。

从历史来看,对于新农民的教育培训是以一定的经济格局的转变为基础的。例如,在新中国成立之前,当时随着国门的打开,现代人道主义思想传入中国,过去社会中的某些陈风陋俗也遭到有识之士的批判。最为典型的是妇女缠足问题。缠足使得妇女足部发育畸形,对于妇女身心造成巨大伤害,在文化意义上,是人性扭曲的表现。早在清军入关之时,清廷就曾明令禁止缠足,但屡禁不止,最后只好听之任之。清中后期,基于救国启蒙目的,许多人反对缠足,提倡天足,为此而组成了"天足会"。1902年,清廷发出上谕,劝诫缠足。民国时期,无论是北洋军阀政府,还是国民党政府都明令禁止缠足,有的地方甚至通过军队暴力禁止缠足,但是收效甚微。

只有中华人民共和国成立后,农村缠足现象才得到根除。究其原因,不是过去人们对其宣传不足,也不是投入不大,而是缺乏对于农村经济结构的根本性变革。新中国成立后,土地制度发生根本性改变,不再允许寄生性的地主存在,所有农村居民都需要通过参加农业劳动获得生活资料,在这种情

况下,自然不可能将自己的女儿养在家中缠足不出。过去困扰中国社会的缠足"文化"观念问题自然迎刃而解。

二、我国农民教育培训的现状

第一,乡村各项制度安排上缺乏系统性、整体性,各自为政,彼此冲突。在土地制度安排上,缺乏明智的定位,一方面鼓励土地流转,有推进土地规模化经营的意向;另一方面,又不断强调土地承包制度三十年不变,从而变相保护并且鼓励农户个体把持农田控制权利。在这样的保护下,土地流转在制度上缺乏可靠性,农田的承租者很容易遭受来自于农户个体或者是村集体的各种毁约行为。这些个体农户完全可以凭借其特权控制土地承租年限,从而导致土地流转制度缺乏可靠性。在农业补贴上,缺乏明晰的对象性与目的性。对于农业的资助,没有严格区分是针对农民的福利性救助,还是市场性资助。依照福利性救助原则,农业补贴所面向的对象是农户家庭,更准确地说,是面向贫困农户家庭,依照市场性资助原则,农业补贴所面向的是农业生产经营中具有市场竞争力的群体,即大农户。在补贴路径上,前者补贴以户为单位发放,后者以耕地面积为单位发放。前者意味着只有那些家庭低收入的农户才能获得,后者意味着只有那些足够规模的农业经营者才有资格受益。但是在现实中,农业补贴采用了平均主义原则,不区分农户家庭收入的高低差异,不区分农户经营农业的规模差异,缺乏清晰的资助定位。不仅如此,在针对种粮的补贴名义下,其补贴的实际发放对象不是现实中种粮的农业经营者,而是在名义上拥有土地物权的农民。

这种体制的悖论与错位,给新型农民教育培育造成了不良的后果。新型农民的身份发生错乱。新型农民是职业性农民,谁是新型农民,不是依据户籍身份,而是依据其现实中从事的主业判定。只有那些为农业生产服务,主业是农业的生产经营者才具有新型农民的资格,也就是说具有农村户口的居民未必是新型农民。而土地相关的物权制度与农地使用的现实的差异以及农业补贴的错位发放,使得新型农民缺乏身份上的合法性,旧农民缺乏身份上的合理性。二者身份的错乱使得现实中的农民教育培训工作缺乏有效的针对性。需要继续教育培训，而且具有教育培训绩效潜能的未必能够获得有效支持；不需要教育培训，缺乏教育培训资质的却盲目投入，不仅造成资源的浪费，而且造成新型农民教育培训的无效。

第二，对于农民的教育缺乏主体意识、责任意识与协作意识培育导向，更多关注于农民的发财致富问题。其后果是，农民不仅缺乏主动学习科技管理知识的意识，而且在科技与管理技能应用上出现了方向性偏失，存在诸多科技滥用问题。例如，我国农民农业经营中普遍存在的过量施肥、滥用农药现象，在其他产业中存在的污染物随意排放问题，给乡村生态造成巨大的污染，给农民生命健康造成了巨大的伤害。很多拥有"五小企业"的乡村，其农民都在改革开放以来的几十年中捞到了第一桶金，但现今这些乡镇农村很多都变成了"癌症村"。除此之外，农民对于科技的滥用也造成许多地方的农产品质量下降，甚至危害人民的生命健康安全。

三、新型农民培育的路径探析

新型农民培育是一个长期持续的过程，与过去不同，新型农民本身是一个动态性、综合性的存在。因此，对新型农民的培育应当着力于对其素质的培育。农民素质是指农民在先天自然因素和后天的环境和教育因素影响下形成的内在的较为稳定的属性，是农民参加经济社会活动中所表现出来的以及潜在的身心健康水平、科学文化水平和思想道德水平等多方面的综合表现。除却个人身体素质之外，从社会角度，主要包括三方面的素质：科技素质、文化素质与文明素质。其中科技素质主要针对新型农民的职业业务能力，它代表新型农民在信息时代对于现代科技与管理技能的亲和与掌握能力；文化素质主要针对新型农民的学习能力，它代表新型农民是否具有积极的主体性，能够以正向、积极的心态投入现代农业以及现代农村事业；文明素质主要针对新型农民主体意识的责任性、开放性与协作性水平，它代表新型农民能够有效抗拒市场的异化，在利益面前能够坚持底线，在大是大非面前坚守立场,不因个人亲疏而忘记价值追求,能够以开放、协作的精神处理生产经营与日常交往中的各种问题。

(一)新型农民的科技素质培育

素质是一个综合性概念,是关于一个人的情感与信念、知识与技能的综合性评价。新型农民的科技素质,大体可以分为三个方面:对于科学的价值认知——科学价值观,对于既有科技的掌握——科学记诵能力,对于科技探索与求知的能力——科技知识能力。学界也有人运用其他分类方法,总体来说,仍然是这三方面的进一步详细化。简而言之,就是培养新型农民对于科技的亲和性,能够有效地学习既有的程式化科技知识,并且能够自主发现问题,搜索所需的科技知识。

1. 农业科技价值观

农业科技价值观是新型职业农民在处理人与自然、人与农业等关系时,需要确立自己在农业生产中的基本角色,对农业科技产生的效果做出正确的判断和预期。对于新型农民而言,必须树立以科技推进乡村振兴的信念,将科技作为振兴乡村的第一动力和首选条件。简而言之,在遭遇任何问题的时候,必须优先考虑采用科技手段解决,而不是其他手段。其背后体现的是新型农民对于科技的亲和度问题,即新型农民不仅仅将科技视为一种手段,而是一种与自我生命内在关联的存在。现实中,当代农业已经大量使用科技手段。但是,农民对于科技更多是一种简单的利用态度,在遭遇问题时,只是简单地从过去的科技手段中寻找对策,或者简单地依赖于公司或者政府提供科技服务,缺乏主动性参与意识。现代化农业的发展是以科技创新为导向的,农业科技的非理性滥用势必会造成生态破坏、环境污染等问题。在倡导发展绿色农业的理念背景下,新型职业农民必须树立正确的农业科技价值观,拥有强烈的职业感和责任意识,使农业发展与生态环境保护之间形成良性互动,对农业科技将会产生的后果进行判断和预期,理性、科学地运用农业科技。

2.科技记诵与运用能力

科技的记诵与运用是新型农民科技文化素质的基础组成部分。作为新型农民，必须能够有效记诵既有的科技知识并且将其应用到农业生产经营和日常生活中。过去许多农民缺乏科技素质，一个基本的问题是受教育程度不足，基本的记诵能力欠缺，由于记诵能力不足，使得农民不能有效学习并且掌握科技，自然谈不上对于科技的运用。

3.科技获得与探索能力

现代社会复杂多变，现代农业与现代产业皆以现代科技为基础。当然，这些科技的源头不是来自于农民，而是来自于科技人员与科技组织。不过，作为一个完整的链条，现代科技并非封闭性的实验室存在，而是一个实验室——社会的良性互动过程。简而言之，现代科技不是一个单向的从实验室输出的过程，而是一个从社会反向回馈的过程。因为现代科技日趋精细化，所以科技的过程不仅包括实验室研发，还包括在现实中不断应用回馈的过程。新型农民不能坐等科技，仅仅记诵和应用科技，而应当成为科技创新的参与者，具有科技信息获取能力，在出现问题的时候，不仅要优选科技，而且要在既有已知科技知识不能解决的前提下，主动探求科技信息，寻找解决问题的能力。新型农民的科技文化素质的最终目标是实现科技文化的内化，农民将科技纳入生产与生活中，成为生命中有机构成部分。

（二）新型农民的文明素质培育

科技主要针对的是人与自然关系的处置，而文明则是主要针对人与人关系的处置问题。事实上，即使在现代，仍然有许多人持有落后野蛮的思想观念。例如，关于拐卖妇女问题，仍然有人认为为了传宗接代，娶被拐卖妇女是情有可原的。也就是说，只要能够达到某种实用目标，采用某种违法手段也是可以的。这种错误的观念在本质上是公民文明素质不足的标志。

公民文明素质，是指在一个开放性、流动性社会中，社会成员能够克服自我中心主义，实现彼此之间相互尊重，维护公共空间的有序性的诸多思想

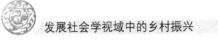

与行为特质。公民文明素质是现代社会成员的必备素质。现代社会与古代社会不同,就人与人的关系而言,现代社会中人与人之间不再是人身依附关系,更多的是一种人格独立的契约性关系。因此,社会本身出现了公共领域与私人领域的分野,由此而引发了人身与人格的分离。在公共领域中,人与人之间是自由、平等的关系,整个社会是具有自主、参与、平等、责任、利益等意识的公民所构成的社会统一体。

在公民社会中,不仅存在特殊的群体道德,同时也存在超越小团体的社会公德,这个公德与过去的公德不同,它不仅维护公共领域,同时也维护私人领域的自主性。所以,在传统群体中的公德在现代社会中未必是合理的公德,在传统群体中不能承认的思想与行为在现代社会中可能是合理的公德。

例如,同样是夫妻的婚姻忠诚,古代的忠诚与现代的忠诚有着根本的不同。古代的忠诚是一种人身连带性忠诚,简单来说,一旦缔结婚姻,其忠诚就是终身性、永恒性的,其中一方一旦背叛就是不可宽恕的罪行,双方就是你死我活的仇人。而现代的忠诚是一种契约性忠诚,一旦缔结婚姻,其忠诚并非自然维系,而是一个需要不断经营维护的存在。其中一方发生背叛,在法律上是有过错的一方,但是在道德上却未必,有可能是双方共同的责任。双方之间也不是必须你死我活,非此即彼,更多是一种合则来、不合则去的处置方法。

在空间意义上,公民文明素质乃是城市社会的产物,是人类社会发展到一定阶段才具有的规范性要求。现代乡村虽然不是城市,但是不能拒绝文明化,因为现代乡村是一个开放性、流动性的存在,乡村本身同样也处于市场之中,必然要受到城市社会的规范约束。因此,乡村振兴中村民文明素质问题是一个无法回避的问题。

由于历史与传统的原因,乡村中的农民在文明素质方面仍然较为欠缺。其主要特点表现在两个维度:在私人间关系上,自由与平等较为缺乏,许多乡村农民在人际关系上不由自主带有过去的人身连带逻辑,支配与控制总是若隐若现。例如在农村中夫妻关系破裂，往往引发较为严重的纠纷。尤其是其中一方发生婚外关系的时候，另一方往往不是选择好合好散，理性处置二者之间的关系，而是采用极端方式。有许多人抱着你不让我好过，我也不让你好过的心态，在婚姻无法维系的情况下，坚决不离婚，从而人为扩大冲突，造成许多恶性案件。在公共领域问题上，乡村对于公共领域建设普遍缺乏关注。例如，许多村民在村社建设中往往对于公共卫生、教育建设漠不关心，很多村庄没有公共厕所，垃圾污水几乎是随意处理，缺乏公共管理观念。

新型农民的文明素质，一般包括三个方面：

一是道德素质。道德素质是指农民的内在品质，包括思想观念、伦理道德、价值取向、思维方式等。道德素质建设是新型农民素质建设的核心和灵魂，与科学文化建设共同构成了社会主义精神文明建设。它促进人内心"自律"，对推动人的全面发展具有重要意义。根据《农民道德建设实施纲要》的规定，"农民道德建设应以社会公德、职业道德、家庭美德为着力点"。学者普遍认为，其中涉及：①尊老爱幼（家庭）；②邻里团结（生活关系）；③爱护社区公共设施（社会关系）；④自觉维护社会秩序（公共领域）。

二是社会责任素质。社会责任是指一个人对他人和社会所承担的责任和使命。"人人有责"和"人人共享"表明农民的义务和权利是对等的，在享受权利的同时必须履行宪法和法律规定的相应的责任和使命。农民的社会责任是我国民主政治建设的重要表现，现代文明社会的发展呼吁农民社会责任的培养。

社会责任素质包括三方面：政治责任素质、法律素质以及社会公益活动。其中，政治责任素质从广义上来说是指新型农民在政治生活领域的责任，是参与政治文明建设的基本要求；法律素质是指新型农民应具有的法律知识、法律意识及运用法律的基本能力的综合因素和条件；社会公益活动是新型农民社会责任素质最直接的体现，是中国优良传统文化的延续，也是构建文明社会的内在要求。具体来说，新型农民社会责任素质可以细化为四项指标：①有清晰的权利意识；②更多通过法律的手段来维护自己的权益；③积极参与乡村治理的民主过程；④积极参与公益活动的组织。

三是生态文明素质。生态文明程度是衡量现代社会文明程度的重要标志。党的十八大提出要大力推进生态文明建设，十八届五中全会将生态文明建设首度写入五年规划中。建设生态文明是关系人民福祉、关乎民族未来的长远大计，是对更加美好的人居环境的深刻期望，在面对资源约束趋紧、生态系统退化的严峻形势下，必须把生态文明建设放在突出地位。

乡村与城市相比，在生态文明建设上，更有迫切的要求。改革开放以来，随着我国工业化和市场化进程的加速，乡村的生态环境急速恶化。许多乡村已经开始变得危险，成为不宜居空间。最为常见的是生活污水垃圾不能规范处理，更为严重的是各种工业废料、过量化肥、农药等污染。新型农民作为乡村生态文明建设过程中的主体，保护环境是其职责所在，新型农民的生态文明素质水平的高低也是乡村生态文明建设的关键。我们应从生态文明意识和生态环境保护行为这两方面来评价新型农民的生态文明素质。从低到高，新型农民生态文明素质可以有三项指标：①对于污染的环保意识；②垃圾分类参与度；③合理利用自然资源。

（三）新型农民的文化素质培育

文化与文明相比，二者之间既有重合，也有差异。一般来说，在知识上，文明偏重于自然科学，更重视人类的一般性，文化则偏重于人文科学，更重视人类群体的特殊性。在社会意义上，文明更偏重于齐一的规范性，文化则偏重于照顾不同个体的趣味性。

新型农民作为现代公民理所应当具有相应的文明素质，同时还应当有作为新时代乡村人的特殊性。毕竟，乡村不是城市，有着自身的历史与特色。作为一种高度自然性的空间，乡村的特殊性是内在的。

对于文化素质，有学者认为是知识水平。例如，张东华等认为农民的文化素质反映的是"农民接受文化知识教育的程度和掌握文化知识量的多少、质的高低"①。这种讲法没错，但是过于宽泛。事实上，知识与文化相关，但是并不等于文化，在严格意义上，文化是关于思想与行为选择的系统性倾向。它更多等同于实践性知识，或者说一种实践智慧。与文明素质不同，文明的内容可以程序化，文明与不文明之间有着清晰的分野，例如公共场所大声喧哗是不文明的，这个相当清楚。但是文化却没有这么清晰的界限。例如，吸烟有害健康是没有问题，但是是否应当禁止别人吸烟则没有绝对的定论，更多依赖具体情景予以界定。这就是说，文化素质不是看一个人是否有知识，不是看知识水平的高低，而是看一个人是否能够明智地对待知识与环境。

具体来说，农民文化素质涉及两个方面：

其一，关于面向困难的心志问题。人之所以为人，其首要在于不屈服于现实的安排，能够自主掌控自己的命运。换言之，是否具有一个乐观向上的心志，是做人的关键。对于新型农民而言，摆脱依附性观念，强调自主奋斗意识是其首要的素质。过去有许多人认为中国农民吃苦耐劳，应当说，这种说法有相当的经验支持。但是这种吃苦耐劳更多是建立在不得已以及封闭空间所造成的"赤子之心"状态基础之上，一旦生活状况好转，不再有生存性威胁，一旦见到了更省力的挣钱方式，是否能够吃苦耐劳仍然是一个疑问。在这种脆弱的吃苦耐劳的背后，是自主掌握自我命运的心志的不足。只有在自我掌控自我命运的强烈意志支持下，才能真正吃苦耐劳，不被外部环境的变化迷昏双眼。

其二，和谐理念的培育问题。和谐是现代社会的主题，更是乡村社会建设的关键。从文化角度，造成不和谐的最大因素是自我偏执的心态问题。偏执是人类所共有的缺陷。马克思曾经指出，小农由于处于封闭的环境中，

---

① 张东华，郑威.我国农民文化素质面临的问题与对策[J].华中农业大学学报(社会科学版),2006(005):38-42.

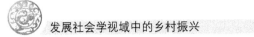

乃是一种碎片化的存在,由此而造成了一种不能自己治理自己的现象,而这种不能自治本身,反而会引起更大的偏执。这是因为偏执在本质上是一种对于自我缺乏准确定位的表现,如果一个人对自己估计过高或者估计过低,很容易成为偏执成长的温床。而对自己过高或者过低的估计,往往与缺乏自我意识,处于交往疲乏的环境,见不多识不广等有密切关联。一般来说,一个人越是见多识广,越容易意识到自己的不足与特长。乡村之所以存在较多的自我偏执问题,在根本上是由于生活环境,更准确地说是文化环境较为封闭,从而易于诱发自我偏执问题。

自我偏执问题在文化上有两大不利影响:一是遏制乡村创新性文化的形成。创新建立在对既有传统的破坏性改造基础之上,而这种破坏性改造是否能够接受,则与乡村文化中是否具有较强的包容性密切相关。很显然,如果一种文化缺乏包容性,不能容忍异见,那么创新几乎是没有生存机会的。如果出现创新毫无疑问就会遭受较大的打击。二是不利于乡村和谐社会的实现。乡村和谐社会的实现,一方面需要有共同的利益整合,另一方面更需要价值观念的包容。这种包容不仅仅是对于其他价值观念的承认,同时还包括,如果不同价值之间发生冲突,不是采用暴力手段,而是采用和平原则协商解决。

那么,如何有效提升农民素质,落实这项工作的抓手是什么?

第一,无论何种素质,强化学校教育是基础。不仅科技素质依赖于学校教育,即使是文明素质和文化素质,都要以学校教育为基础。学校本身不仅是一个知识机构,同时也是一个社会组织,在学习的过程中,人的心志培养、心态形成以及行为习惯等都奠定雏形。因此,强化乡村学校教育是基础。

第二,社会制度的引导。人的素质的培养,除了学校之外,社会教育是更为常态性的一环。相对于学校教育,社会制度的规范与引导更具有持久性和有效性意义。既然新型农民的身份是新型职业农民,在社会制度层面,就需要以职业身份为中心来展开新型农民的素质培育工作。大体来说,可以通过以下几个方面来有意推进农民素质的提高。

一是建立和发展相关产业协会。通过产业协会等组织机构，逐渐建立严格的职业准入制度，对于职业农民进行准入和等级评定，在准入和评定的过程中，将科技、文明和文化素质要求渗透其中，从而在制度上强制推动农民的自我教育、自我发展。

二是在贷款、财税等农村农业政策上，应当有针对性地附加相应的科技、文明与文化素质相关要求。为新型农民提供竞争通道，使得新型农民在与普通农民的竞争中保持优势，从而引导农民的主动转型。

三是建立相关的农业职业养老制度，将其与一般性的农村民政救济福利区分开来，从而为新型农民提供职业信心与社会承认。

第五章　发展保障:三位一体

作为一项宏大的历史性社会建设工程,乡村振兴的有效推进,离不开相应的社会保障。这些保障主要包括政治保障、制度保障和物质保障三个层面。政治保障就是要加强党组织对乡村振兴的全面领导,制度保障就是要创新乡村振兴保护制度,物质保障就是要发展生产力夯实乡村振兴的物质基础。

第一节　政治保障:加强党组织对乡村振兴的全面领导

乡村振兴规划纲要明确提出,"健全党管农村工作方面的领导体制机制和党内法规,确保党在农村工作中始终总览全局、协调各方,为乡村振兴提供强有力的政治保障"①。

---

① 中共中央国务院印发《乡村振兴战略规划(2018—2022 年)》[N].人民日报,2018－09－27.

一、健全以党组织为核心的组织体系

(一)顶层设计:农村基层党组织功能重构

乡村振兴离不开党对乡村工作的坚强领导,党是乡村振兴各项工作的领导核心。而党的执政能力直接影响着党的领导核心作用的发挥。因此,在坚定不移地贯彻"党是中国各方面领导核心"的政治行动中,要切实处理好党的领导核心作用的发挥与提高党的执政能力二者之间的逻辑关系。

1. 领导核心作用与执政功能

"虽然中国共产党的领导核心是由宪法赋予的,但其领导的核心作用是通过党参与执政过程实现的。在中国构建的政治体系中,党的执政功能经由党的一系列政策主张,且依法定程序,上升为国家的意志。政府在整个执政体系中,处于执行者的地位,要向党负责。在这种执政场景下,在坚持党的领导核心作用下,一定程度上也限制了党的领导改善和提高。因此,如何更好科学地把握好领导核心作用与执政功能的关系是科学发挥党的领导核心的逻辑前提。"①

虽然从理论层面讲,党的领导核心与执政功能都有较为严谨的概念界定,但从实践层面讲,长期以来往往把党的领导核心与执政功能混为一谈,把直接掌控各种权力视为实现领导核心的根本路径,导致了"党政不分、政企不分,政社不分,所有权力和资源都掌控在执政党手中"②。在某种意义上,无论是对党的领导核心或者是对党的执政功能而言,其根本目标是一致的,都是实现党的既定的战略目标和整合社会的双重任务。就执政功能而言,其表现活动更为具体、生动和丰富。从农村党的执政功能实践而言,党的执政功能则出现了一定程度的偏差,"有学者把党的执政功能分为两种:

① 蔡清伟.中国共产党农村社会治理的基本特点研究(1949—2013)[D].成都:西南交通大学,2014:96.

② 胡伟.中国共产党执政方式的转变[J].浙江社会科学,2005(2):3-8.

从立宪层面讲是政权建设功能,从社会层面讲是社会动员功能。就新中国成立70年看,党在如何加强政权建设,确保其执政的地位的方面不仅是成功的,同时也积累了丰富的执政建设经验;在社会动员功能方面则不十分成功。这种偏重于建设功能忽视社会动员功能的执政功能的失衡是不利于更好地发挥党的核心领导作用"①。

在农村政权建设层面,农村"两委"所延伸的党的核心力和党的执政力的实现是通过正式权力的组织渠道实现的。在权力运作方面采取的是自上而下的命令服从的方式来完成的,这样导致的后果往往是高高在上、脱离群众的工作方式和领导作风,与党倡导的群众路线相违背。这种工作方式和领导作风其实质是"权力本位"的官僚化,"权力本位"的膨胀使一些领导干部在心理上与农民渐行渐远,不能够深入群众,工作往往"走过场"。分析其"权力本位"的产生原因是多方面的,但从主观上分析有学者指出有两个方面的原因,"一是在民主集中制下追求'权力本位'所带来的高效率,二是基于利益的诱惑所追求的权力寻租企图"②。

这种根深蒂固的"权力本位",制约了党能够更加有效平衡地发挥其执政的功能。因此,改变"权力本位"是纠正执政功能失衡的必然选择。"权力本位"的改变首先要求树立正确的权力观,坚持领导就是服务的权力观,从"以农民为中心"的思想出发行使党的权力。再者,党的权力的发挥要放在一定的适当的政治空间里去实现,既不能干预农村基层政府权力的行使,也不能妨碍村民自治权力的有效发挥,更不能把党的权力凌驾于村民的权利之上。这样,才能实现党执政功能的平衡。从另一个方面讲,执政功能的纠偏,要求执政转型。但执政转型不是一蹴而就的过程,而是贯穿于健全现代乡村治理体系的整个过程。就执政转型而言,执政功能纠偏是现代乡村治

---

① 蔡清伟.中国共产党农村社会治理的基本特点研究(1949—2013)[D].成都:西南交通大学,2014:97.

② 吴新叶,张富.实现由"权力本位"向"权利本位"的转变[J].领导科学,2002(24).

理空间成长的一个新起点。①

如何纠正执政功能的失衡,有学者提出如下观点②:

其一,利用党的执政资源优势,促进执政的政治社会化进程。随着现代乡村治理实践空间的不断扩展,农民参政议政的意识不断提高,农村政治参与化、扩大化也不断提速。在这个执政参与不断扩大化的过程中,作为执政党要善于利用好所掌控的执政资源,去引领广大农民完成执政党所构建的政治社会化的目标。

从历史和现实看,党具备强大的政治社会化的组织资源,比如党的各类组织、各级政府组织,以及像人民代表大会、中国人民政治协商会议等的各级国家政权组织。另外,还有广大的像中国共产主义青年团、中华全国妇女联合会等这样的党的外围组织,"这些正式的权力组织既拥有丰富的社会化经验,也具备使党的政策社会化的体制优势"③。目前,在执政功能的转型过程中,要改变过去政治控制性的政治社会化,就需要建立契约型、利益型为主的,而不是政权型为主的政治社会化的社会控制。

其二,推进执政转型,注重培育农村社会。从制度化的层面讲,党执政转型的主要任务包括:一方面,党要通过制度化的路径,联合、沟通和发展农村的各类非政府组织,让这些组织有更多的空间和机会去分享农村公共权力,进一步提高它们的自主性和自治性,形成基层权力相制衡的政治空间;另一方面,党要引领这些自治组织的成长方向,以此增强党领导的合法性。

社会主义市场经济在中国的确立和发展不仅带来了农村社会结构、生活方式、生产管理方式、资源配置方式多样化发展,而且也动摇了党的基层

①　蔡清伟.中国共产党农村社会治理的基本特点研究(1949—2013)[D].成都:西南交通大学,2014:97.

②　吴新叶.转型农村的政治空间研究:1992年以来中国农村的政治发展[M].北京:中央编译出版社,2008:225.

③　吴新叶.转型农村的政治空间研究:1992年以来中国农村的政治发展[M].北京:中央编译出版社,2008:225.

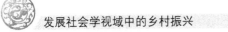

组织网络与社会组织的关系。这种关系的动摇使农村基层党组织直接动员和组织农村生产的传统功能的实现空间渐渐微缩。这样,客观上要求改变原来村党组织直接管理生产和全面干预农村社会事务的功能,构建新型的以农民为本的功能结构。村级党组织应该有意识地通过对农村群众的精神关怀、政治关怀、生活关怀去拓展社会空间,去巩固和扩大自己的群众基础。这种转变,实质上就是要在保证农村党的基层组织发挥领导核心作用的同时①,"逐渐脱出行政的色彩,……把社会归还社会本身,把行政归还行政本身,把经济归还给经济本身,从而把政党归还给政党"②。

2. 领导核心作用与执政方式

执政方式的改进和提高直接影响着党的领导核心作用的正确发挥。首先,执政方式体现着党和国家的关系。就我们国家而言,党缔造了我们这个国家,因此党获得了国家的执政地位。执政地位意味着党的领导地位的实现。换言之,党的执政方式实现的政治前提和保障是坚持党的领导核心地位。其次,由上层党的领导核心和执政方式的关系,不能得出执政方式直接关系到党的领导核心地位的实现和巩固。就新中国成立以来执政方式的实践而言,采用什么样的执政方式不仅直接影响着党的执政功能的发挥,也关系到党的核心领导地位的实现和巩固。新中国成立70多年来,大体上我们经历了三种类型的执政方式,即政党指挥型、政党取代型、政党引导型,这样一个演变过程。"三种执政方式的演变对中国经济、政治、社会的发展产生了不同的影响,其自身的演变构成了一个内在的历史逻辑过程。"③

新中国成立70多年来,执政方式的转型表明了执政方式发展的三大特

---

① 蔡清伟.中国共产党农村社会治理的基本特点研究(1949—2013)[D].成都:西南交通大学,2014:98.

② 谢方意.嬗变与挑战:村民自治背景下村党组织功能转换研究[J].中共浙江省委党校学报,2007(5):41-44.

③ 彭正德.中国共产党执政方式:类型、演进及改革取向[J].社会主义研究,2005(1):57-61.

色：一是党政关系逐渐规范化。党政不分是党一元化领导的特色。这种一元化的党政不分的危害促使中国共产党着手解决党政不分、以党代政的问题。党的领导规范为政治领导。党要在政治原则、政治方向和重大决策方面多下功夫，要彻底改变以往全能型政党的观念。二是党的执政逐渐依法化。中国共产党在执政过程中逐步认识到法治对于权力运作的重要性，逐渐由以党治国向依法治国的转变。从党的十二大强调"党必须在宪法和法律范围内活动"到党的十五大确立依法治国的基本方略，不仅表明法律对执政党的约束，也是法律对国家权力运作的约束。① 党的十六大明确提出"坚持依法执政，实施党对国家和社会的领导"，党的十七大提出"各级党组织和全体党员要自觉在宪法和法律范围内活动，带头维护宪法和法律的权威"。党的十八大更加突出强调"党领导人民制定宪法和法律，党必须在宪法和法律范围内活动。任何组织或者个人都不得有超越宪法和法律的特权，绝不允许以言代法、以权压法、徇私枉法"。党的十九大则鲜明提出了"任何组织或者个人都不得有超越宪法和法律的特权，绝不允许以言代法、以权压法、逐利违法、徇私枉法"②。三是党的执政逐渐民主化。从党的三种执政方式的演变过程，我们不能看出秉持"人民当家做主"的理念是中国共产党执政的最本质理念。正如党的十九大提出："有事好商量，众人的事情由众人商量，是人民民主的真谛。"为此，明确提出了推进基层协商和社会组织协商。

就村民当家做主的40多年历程看，随着党的上层执政方式、执政理念的不断转变，农村"两委"之间的关系也在不断调试。总的来说，农村"两委"工作转型应围绕着以下四个目标：一是切实保障村民当家做主，二是依法治村，三是完善公共体系，四是提高执政方式改变工作作风。

---

① 蔡清伟.中国共产党农村社会治理的基本特点研究(1949—2013)[D].成都：西南交通大学,2014:100.
② 习近平.决胜全面建成小康社会 夺取新时代中国特色社会主义伟大胜利[N].人民日报,2017-10-28.

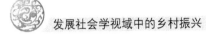

（二）党的领导:乡村治理现代化的组织核心

翻开中国共产党历史,首先呈现在我们面前的是共产党领导下的革命史。28 年的新民主主义革命给我们最重要的启示是,只有坚持共产党的领导,革命才能成功。新中国成立后,在由革命党向执政党转型中,由于"路径依赖"等因素的影响,中国共产党选择了"一元化"的领导模式。"一元化"的领导模式在一定时期对新政权的稳定、执政地位的巩固及对社会强有力的整合无疑有着至关重要的作用。但从激发社会活力层面讲,"一元化"的领导模式一定程度地窒息了社会的活力,进一步地讲不利于社会主义民主政治的建设。20 世纪 80 年代以来,渐渐深入深化的经济体制改革和政治体制改革,渐渐地冲破了"一元化"的管控网络。①

就中国乡村而言,始于 20 世纪 70 年代末安徽小岗村的农村改革很快成为燎原之势,席卷大半个中国,家庭耕作制度在广大农村安家落户。农村这一经济基础的改变进一步引发了农村政治管理形式的变革。广西合寨村成为农村治理模式变革的急先锋,村民自治应运而生。村民自治渐渐地冲破了乡村"一元化"的管控网络,多元治理主体格局呼之欲出。但就乡村多元治理 40 多年的实践进程看,只有始终坚持党是乡村领导的核心,才能保障多元治理格局的健康发展。

40 多年村民自治的实践一再告诉我们,强有力的政党是干好农村一切事情的关键。亨廷顿对此指出:"凡取得真正或推定的高水平政治稳定的进行现代化的国家,至少拥有一个强有力的政党……暴力、暴乱和其他形式的政治动荡,在没有强大政党的政治体系下比在有强大政党的体系更可能发生。"②针对农村改革亨廷顿指出:"在进行现代化的国家里,几乎每一个强有

---

① 蔡清伟.中国共产党农村社会治理的基本特点研究(1949—2013)[D].成都:西南交通大学,2014:101.

② [美]亨廷顿.变动社会的政治秩序[M].张岱云,等译.上海:上海译文出版社,1989:440—441.

力的政党都同一个农民组织紧密联系着。这样的农民组织显然是为政党领导人的利益服务，但它也为农民的利益服务……改革只有在组织起来以后才能成为现实。农民的组织是政治行动。有了有效的政党，才会有有效的农民组织。"①就亨廷顿的以上论述，我们可以得出强有力的政党对于进行现代化的国家保持政治的安定、社会的进步和经济的发展是多么的重要。

从中国共产党的历史看，在坚强的中国共产党的领导下创建了人民军队，在党对军队的绝对领导下，在枪杆子里面出政权的理念中，构建了新的国家秩序。无论是新民主主义革命时期，还是社会主义建设时期和改革开放时期，党始终是推动国家制度变迁的决定性力量。党的坚强领导贯穿于国家事务的方方面面，正所谓"东西南北中，党领导一切"。就中国乡村治理变革的进程看，正是在党的强有力的领导下，有序地推动着乡村治理体系的变迁。

在乡村振兴的进程中必须夯实党对乡村的领导。这是因为：

首先，中国共产党是"以人民为中心"的政党。在近代中国政党的发展史中，政党林立，但唯有中国共产党始终以"人民利益"为中心，领导中国人民成功地推翻了压在中国人民头上的三座大山。新中国成立以来，党成功地进行了三大改造，奠定了社会主义的物质基础。改革开放以来，中国共产党始终推动各方面力量进行了强有力的创新，不断满足人民群众的需求。

其次，由我国民主政治建设的性质和特点决定乡村治理体系的变迁必须坚持党的领导不动摇。村民自治作为基层民主建设是一个长期、复杂、规模宏大的工程，客观上需要一个组织严密、勇于吸纳社会最优秀管理人才、最具有长期奋斗目标的政治组织来领导。从现实的农村条件讲，村民自治是在中国的最基层、地域最广阔、经济文化又相对不发达的农村进行的难度最大的政治改革。农民文化素质相对比较低，仅靠农民本身的力量，很难保

---

① ［美］亨廷顿.变动社会的政治秩序［M］.张岱云，等译.上海：上海译文出版社，1989：427.

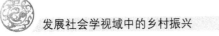

证村民自治健康发展。在这种情况下,如果没有先进政党的正确领导和组织,村民自治必然会举步维艰。鉴于村民自治的重要性、复杂性、艰巨性,为了保证乡村自治性的良性发展,政党引导、整合、监督的作用显得极为重要。①

最后,只有坚持党对乡村振兴的领导,才能保障乡村多元治理主体的政治方向。中国乡村的政治发展经历了"一元化"管制、多元化治理。中国乡村改革40多年,不断分化的乡村社会产生了多元利益主体。多元利益主体导致了乡村治理面临多重变数。造成这一局面的原因是多方面的:一方面是多元治理主体规制的缺乏,急需进行制度层面的创新;另一方面,党对乡村执政方式变迁的现实。新中国成立以来,党成功的执政实践奠定了党的领导核心地位,赢得了广大农民的拥护和支持。亨廷顿指出:"谁控制了农民,即等于控制了全国……农民阶级既有可能扮演一个高度保守的角色,也有可能扮演一个高度革命的角色。"②因此,在多元治理主体下,必须构建新形势下党领导下的村庄多层次分权治理模式。

二、突出党在乡村振兴中的政治领导力

(一)制度保障:坚持和完善党组织对乡村振兴全面领导的政治体系

基层党组织领导乡村振兴,健全骨架必不可少。乡村振兴战略的落实,需要有农村基层党组织的全面领导,而为了实现领导的最优化,就需要将基层党组织的领导体系加以健全。

首先,应健全以党组织为核心的组织体系。应做到"坚持农村基层党组

---

① 蔡清伟.中国共产党农村社会治理的基本特点研究(1949—2013)[D].成都:西南交通大学,2014:103.

② [美]亨廷顿.变动社会的政治秩序[M].张岱云,等译.上海:上海译文出版社,1989:317-318.

织领导核心地位,大力推进村党组织书记通过法定程序担任村民委员会主任和集体经济组织、农民合作组织负责人,推行村'两委'班子成员交叉任职"①,并适当增加与吸纳有意愿为党组织服务的村民,共同加强农村新型经济组织和社会组织的党建工作,带领广大农民群众走向共同致富的道路。中央明确提出,到2020年全国村党组织书记、主任"一肩挑"要达到35%,到2022年要达到50%的预期目标。据统计,截止到2017年底,全国村党组织书记和村委会主任"一肩挑"的比例是30%。比较高的有海南98.7%,湖北96.5%,广东73%,吉林66.9%,北京59.6%,山东59.4%。

其次,加强农村基层党组织带头人队伍建设。

一是建立"专职+专业"新体系,打破素质提升瓶颈。加强专职化使用管理,采取"日常管理、年度考核"相结合的管理模式,实行以任期目标为重点的考核制度,探索每年按比例将表现优秀的村党组织书记纳入事业干部管理,逐步实现村党组织书记全部纳入事业管理,全面实现村党组织书记专职化。专业化教育培训,就是将村党组织书记培训纳入全县干部培训规划,每年集中培训统一部署,积极对接高校,采取"送出去""请进来"等培训方式,有针对性地为村党组织书记提供个性化专业能力培训,培养专业能力、专业精神,增强农村基层党组织带头人队伍适应新时代中国特色社会主义发展要求的能力,进一步提升村党组织书记专业化水平。

二是建立"公选+公招"新模式,打破农村利益格局。拓宽渠道"选"。按照政治素质好、带富能力强、协调能力强的标准,打破个人身份、职业的界限,在农村致富带头人、外出务工经商人员、复员退伍军人、在外工作的退休干部等优秀人才中实施公开选举,建立全新的选任模式。灵活方式"招"。打破行政村的地域限制,在全县积极探索"公开招聘"方式,实行更大范围、更宽领域、更多方式的选聘,真正做到好中选优,采取从优秀村干部中"挑"、

---

① 中共中央国务院印发《乡村振兴战略规划(2018—2022年)》[N].人民日报,2018-09-27.

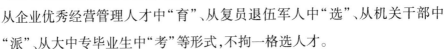

从企业优秀经营管理人才中"育"、从复员退伍军人中"选"、从机关干部中"派"、从大中专毕业生中"考"等形式,不拘一格选人才。

三是建立"绩效+激励"新机制,打破动力激发壁垒。在待遇上提高报酬绩效。探索实施"合村并组"的方式,实行多村一个专职化党支部书记,在保证基本报酬的基础上,采取财政补助、按比例提取村集体经济收入作为奖金等方式,建立村干部绩效目标管理考核制度,年度工作任务实行项目化、清单化考核,对实现年度责任目标、实绩突出、贡献较大、工作出色的村干部给予奖励,激发农村基层党组织带头人内生动力。在政治上突出正向激励。对政治过硬、业务精通、实绩突出、参政议政能力较强的,积极推荐作为各级党代表、人大代表和政协委员人选,为他们参政议政、发挥作用提供舞台。每年按一定比例,把德才兼备、实绩突出、群众公认的优秀农村基层党组织带头人选拔到乡镇领导岗位,让真正想干事、能干事、干成事、遵纪守法的农村基层党组织带头人"有为有位",进一步激发村党组织书记的工作热情。

最后,要加强农村党员队伍建设。

一是把好"入口关",改善队伍结构。要把发展党员的新十六字方针"控制总量、优化结构、提高质量、发挥作用"作为新党员发展工作的基本要求。要始终把"四个意识"摆在发展培养的首位,结合群众口碑和认可度,鼓励动员返乡农民工、村级后备干部、毕业大学生、退伍军人、生活生产一线人员、"双培双带"对象等积极向基层党组织提交入党申请书,力求学历结构和年龄结构实现"双优化"。

二是把好"教育关",提高党员素质。农村党员是农村党组织先进性的标杆,代表着农村能人的现在,也引领着农村发展的未来。要多渠道、多层次、多途径、多方式加强对农村党员的教育培训,要在思想政治上抓坚定,要在生产技能上抓提升,要在为民奉献上抓服务,要把农村党员培养成致富能人,要让农村党员早日带领群众一道到达美好生活的彼岸。搭好服务平台,发挥党员作用。广阔天地,大有可为,农村党员干部是农村党组织建设的"头雁",选好用好农村党员干部关系乡村振兴成败。要为农村党员和农村致富带头人干事创业加油鼓劲，要鼓励农村成立"支部+产业"类具有示范性和带动性的支部，要引导农村实用技能型人才投身农业和农村发展的事业中，要着力打造一批新时代具有新活力的"先锋组织"。

（二）方法保障：坚持党的群众路线

群众路线是党在乡村振兴中的根本工作路线和基本工作方法。要把群众路线贯穿乡村振兴实践活动的始终。

1.群众路线是党的科学领导方法和工作方法

"党的群众路线是党的价值理念、价值取向与领导方式、决策方式的有机结合。在价值理念、价值取向层面，它强调人民群众必须自己解放自己，党对于人民群众的领导作用就是正确地给人民群众指出方向，让人民群众自己动手，争取和创造自己的幸福生活；在领导方式、决策方式层面，它强调从群众中来，到群众中去的方法。在实际中，党对群众路线的认识也是不断深化的。"①毛泽东明确指出："在我党的一切实际工作中，凡属正确的领导，必须是从群众中来，到群众中去。这就是说，将群众的意见集中起来，又到群众中去作宣传解释，化为群众的意见，使群众坚持下去，见之于行动，并在群众行动中考验这些意见是否正确。"②

2.依托群众路线科学制定和坚决执行党的路线方针政策

群众路线是党制定方针政策的根本依据。乡村振兴的主体是广大人民群众，因此，乡村政策的制定必须坚持从"乡里人来"到"乡里人去"的正确方法，要善于听取基层农民的意见和建议，要善于总结农民在乡村振兴实践活动中取得的宝贵的实践经验，只有这样才能真正制定符合乡村人根本利益的方针政策。

---

① 郭忠厅."多管齐下"增强党的政治领导力：制度保障、方法保障、环境保障[J].中共济南市委党校学报,2018(3):27-30.

② 毛泽东选集.第3卷[M].北京：人民出版社,1991:899.

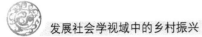

3.聚焦人民群众对美好生活的向往

坚持群众路线这一党的根本工作路线,就是要求我们党必须深入了解民情,充分反映民意,广泛集中民智,切实珍惜民力,不断实现民利,保证我们党的路线方针政策和全部工作更好地维护和实现人民群众的利益。习近平总书记曾说:"人民群众对美好生活的向往,就是我们的奋斗目标。"新时代,要顺应农民对美好生活的向往,牢牢把握农民群众的需要多样化、多层次、多方面的特点,提出新的思路、新的战略、新的举措,把增进农民福祉、促进农民的全面发展作为一切工作的出发点和落脚点,从农民群众最关心最直接最现实的利益问题入手,统筹做好教育、就业、收入分配、社会保障、医疗卫生等各领域民生工作,不断提高农民生活水平。①

(三)环境保障:严肃党内政治生活

党内政治生活泛指为实现党的目标而在特定政治秩序下处理党内关系、开展各种政治活动的总称。党内政治生活是党组织教育管理党员和党员进行党性锻炼的主要平台,是党坚持党的性质和宗旨的重要法宝,是党的优良作风的土壤,是党增强"四个自信"能力的有效途径和方法。新时代,党要充分发挥严肃党内政治生活对党员的教育作用、改造作用、管理作用和监督作用,对党的组织的凝聚作用,对领导班子的民主决策和权威维系作用,对全党的统一意志、统一步调作用,进而营造一个风清气正的良好政治生态,为科学制定和执行党的路线方针政策提供良好的党内政治环境保障。②

1.坚持实事求是这个基本原则

实事求是是中国共产党思想路线的核心。在新民主主义革命时期,正是我党坚定不移坚持从农村实践出发,根据不同时期,党面临的农村实际情

---

① 郭忠厅."多管齐下"增强党的政治领导力:制度保障、方法保障、环境保障[J].中共济南市委党校学报,2018(3):27-30.

② 郭忠厅."多管齐下"增强党的政治领导力:制度保障、方法保障、环境保障[J].中共济南市委党校学报,2018(3):27-30.

况制定不同的方针政策,才能赢得广大农民的衷心拥护和爱戴,才使农村农民有了历史性发展。新中国成立后,从中国农村实际出发的农业社会主义改造赢得了农民支持,巩固了农村新政权。十一届三中全会以来,也正是坚持实事求是的原则,制定了适合农村的新政策,不仅使农村面貌焕然一新,而且夯实了党对农村的领导。新时代,在乡村振兴中我们要一以贯之地从中国农村实际出发,不断进行理论创新,保证党的方针政策在乡村振兴中得以顺利贯彻和执行。

2. 坚持党的"三大作风"这个优良传统

理论联系实际、密切联系群众、批评和自我批评是我党的优良传统和作风,也是我党与其他政党相区别的鲜明特色。无论是新民主主义革命时期,还是社会主义建设时期和改革开放时期,正是由于我们党一以贯之地坚守"三大作风"的初心不变,才使我们党不断焕发出勃勃生机。理论联系实际要求我们党员干部在乡村振兴中既要重视理论的学习和理论的创新,更要从乡村的实际出发,保证党的乡村振兴方针政策的科学性。密切联系群众要求我们党员干部深入群众,急群众所急、想群众所想,掌握群众工作的主动权,尊重群众的首创精神。批评和自我批评是我党净化党内政治生态的重要武器,要求我们党员干部要敢于坚持真理、修正错误,在批评和自我批评中增强党的战斗力和团结力。

3. 严格遵守党的各项纪律这个基本底线

纪律建设是我们党的建设的重要组成部分。党的各项纪律是我们每个党员干部必须严格遵守的,任何党员干部都不能凌驾于纪律之上。在乡村振兴的实践中,迫切要求广大乡村干部要从自我做起,不仅要严格遵守党的各项纪律而且还要遵守乡村各项法规,坚守好底线,始终做到不越线、不超规,执行党的纪律不走样。

4. 认真执行党内组织生活制度这个基本要求

制度化是组织和程序获取价值观和稳定性的一种进程。必须坚持党的组织生活各项制度,创新方式方法,增强党的组织生活活力。要坚决落实

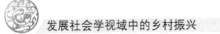

"三会一课"制度,坚持民主生活会和组织生活会制度,坚持谈心谈话制度,坚持对党员进行民主评议等组织生活制度。党的领导机关和领导干部必须增强党的意识,强化组织观念,工作中的重大问题和个人有关事项都必须按照程序向组织汇报。通过严格的党内组织生活可以使党员干部形成符合党的性质和宗旨要求的价值理念和行为模式,进而使党员干部不断增强科学制定和坚决执行党的路线方针政策的能力。①

三、提升党在乡村振兴中的组织力

(一)一致与冲突:村民自治运行中的"两委"关系

所谓的"两委"关系是指村党支部委员会与村民委员会的关系。从权力运行的层面讲,在乡村振兴中必须处理好"两委"的关系。

在改革开放前的人民公社时期,中国农村政治权力体系结构是政社合一和党的一元化领导,村的政治权力主要由村党支部掌控,生产大队承载的职能只是单一的生产管理组织。20世纪80年代初期,人民公社体制在农村各地逐渐解体,彻底改变了原有的农村政治权力结构。在实现政社分开和村民自治的农村,在村一级除保留村党支部外,还建立了村民委员会。与原来的生产大队不同的是,村民委员会不是生产管理组织,而是群众自治组织。由此,改革开放后,在中国农村村民自治的运行中,同时存在着两种性质不同的村务管理——村民自治组织和村党组织,即村委会与村支部。这两种组织重新组合了中国农村新的政治权力结构体系,并直接影响着农村社会的变迁进程。②

就理论层面而言,改革开放后存在于乡村的这两种组织在乡村振兴中

① 郭忠厅.'多管齐下'增强党的政治领导力:制度保障、方法保障、环境保障[J].中共济南市委党校学报,2018(3):27-30.

② 蔡清伟.中国共产党农村社会治理的基本特点研究(1949—2013)[D].成都:西南交通大学,2014:104.

的奋斗目标是一致的。但是,从权力关系层面讲,二者又难免存在一定程度的冲突。大致讲,"两委"关系可分为四类。一是和谐共处型。"两委"组成成员能够和谐相处地开展乡村工作。二是垄断型。表现为一家独大,要么村中权力被村支部垄断,要么村中权力被村主任垄断。三是对立型。村委会和村支部相互对立。四是架空型。村委会不服从村支部的领导,利用群众架空村支部。

"两委"关系中这些不和谐现象存在的原因是多方面的。首先,国家利益与乡村利益存在冲突。就国家层面而言,党从国家的整体利益出发,从而整合乡村所有资源,满足国家战略目标的需要。但是就个体乡村发展而言,无论是生活在这个村子里的农民还是村干部、村组织,则更多地从自身村庄社区利益来考量工作的方方面面,从而淡化甚至是忽视国家的整体利益。这样,就导致了"国家的意识形态与村民的公民意识发生了分离,村民不再像以前那样盲目追求国家的意识形态,而是根据村民经常性的利益需求和利益满足来评价政治"①。村民在追求自身利益最大化的同时,必然对党在乡村的领导力提出了更高的要求。

其次,党面临着官僚腐败的滋生和蔓延对党的领导合法性的挑战。尽管中国共产党把惩治腐败放到了关系党生死存亡的高度。但是腐败的蔓延势头在乡村一些地区一定时期内并没有得到完全有效的遏制。在基层农村的熟人社会里,腐败的效应更加直接影响着党的合法性权威。②

最后,党的领导面临着村"两委"争夺村民自治权而形成的冲突。村民自治是改革开放后中国基层农村最基本的制度,是中国乡村治理史上的先河,它既不同于中国历史上的地方乡绅自治,也不同于西方国家践行的地方自治。村民自治的最大特色是在乡村同时存在性质和功能都不尽相同的两

---

① 董江爱.关于党的领导与村民自治[J].理论探索,2003(1):66-68.
② 蔡清伟.中国共产党农村社会治理的基本特点研究(1949—2013)[D].成都:西南交通大学,2014:104.

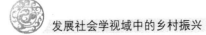

个组织。这两个组织从理论层面讲,都有明确的分工定位,但从权力运行而言,权力界限模糊,二者存在着一定程度的冲突。

(二)建构与创新:健全村党组织、发挥党的核心作用

从历史的角度,改革开放后农村党组织的变迁可以分为四个阶段。每一个阶段都呈现了与这个时期相适应的独特的执政方式。

1.第一阶段,从十一届三中全会到十三届四中全会

"整个二十世纪八十年代是中国农村改革发展的辉煌时期。十一届三中全会深入讨论了农业问题,发布了两个文件:《中共中央关于加快农业发展若干问题的决定(草案)》《农村人民公社工作条例(试行草案)》。尽管这两个文件仍然强调了人民公社管理体制的不可动摇性。但就农村基层党组织的任务安排及领导方法都有了一些新的改革。"①这两个文件都无一例外地强调了党对农村的领导作用,认识到了农业在中国以后发展中的基础定位,提出了以后要统一认识,要"坚定不移地执行以农业为基础的方针"②。同时,提出了发展农业的二十五项措施。二十五项措施释放了很多重要的信号,意味着中国农村原有的管理体制开始解冻,更加强调了要从村民的实际出发,从自然规律和经济规律出发;对农村管理中存在的"一刀切"说"不",权力开始下沉。表明了党已经开始探索中国乡村新的管理模式,切实改变"一刀切"的管理方法,向民主执政、科学执政转型。"必须从根本上改进领导作风和领导方法,恢复和坚持实事求是、联系群众、发扬民主的优良传统,提高领导水平和领导艺术,在实践中增长领导现代农业的才干。"③另外,还提出了农村党组织工作中心转移的问题,要把"集中发展农村生产力"

---

① 蔡清伟.中国共产党农村社会治理的基本特点研究(1949—2013)[D].成都:西南交通大学,2014:108.

② 中共中央文献研究室.三中全会以来重要文献选编(上)[M].北京:人民出版社,1982:131.

③ 中共中央文献研究室.三中全会以来重要文献选编(上)[M].北京:人民出版社,1982:202.

作为以后工作的重心。

1982 年 1 月颁布的《全国农村工作会议纪要》在肯定家庭联产承包责任制的社会主义属性的同时，分析了目前农村党组织的状况。文件指出一些地方，放松了领导，领导班子处于瘫痪和半瘫痪状态，导致很多工作无人问津，对此必须加强领导班子建设。① 又进一步指出："党的农村基层组织是团结广大群众前进的核心和战斗堡垒作用。"②首次肯定党的基层组织在乡村振兴中的核心定位。文件还对党员干部提出了更新更高的要求："在一个大变化大发展的新时期，作为执政党的党员，更应保持和发扬全心全意为人民服务的传统……研究新问题，学会新本领。"③"把农村支部建设好，使基层支部真正成为坚强的战斗核心，以保证党对政权组织、经济组织和群众团体的领导，保证各项工作任务的完成。"1982 年 9 月召开的党的十二大分析了一部分农村出现的一些不良倾向。由于"家庭耕作制"在农村的一步步推广，在一些农村，"出现了一些党员只顾自己生产，不关心党和群众的利益，一些党支部放弃对群众的领导的情况"。对此，党的十二大指出："对这种不良倾向，必须切实加以纠正。各级党委要适应当前的新情况，进一步健全农村党的基层组织。"④

1983 年中央一号文件明确指出：家庭联产承包责任制是党领导下的农民的伟大创造，是马克思主义农业合作化理论的新发展。特别指出在这历史性变革中，党在农村的工作要两手抓，一手抓物质文明，一手抓精神文

---

① 蔡清伟. 中国共产党农村社会治理的基本特点研究（1949—2013）[D]. 成都：西南交通大学，2014：108.

② 中共中央文献研究室. 三中全会以来重要文献选编（下）[M]. 北京：人民出版社，1982：1078.

③ 中共中央文献研究室. 三中全会以来重要文献选编（下）[M]. 北京：人民出版社，1982：1079.

④ 中共中央文献研究室. 十一届三中全会以来重要文献选读（上）[M]. 北京：人民出版社，1987：516.

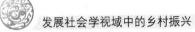

明①,特别强调只有"思想政治工作加强了,才能保证农村各项改革的健康发展"②。1984 年中央一号文件,再次强调了在农村加强思想政治工作的重要性,并指出,在"思想上的问题,主要用正面教育的办法解决"。同时,指出按照中央的部署,加强农村党组织建设,对农村进行整党,提高党组织的战斗力。1986 年中央一号文件指出:"通过整党加强农村党的建设,发挥基层党组织在农村物质文明和精神文明建设中的战斗堡垒作用,建立经常的思想政治工作。"③另外,1983 年中央一号文件逐渐打破政社合一的体制向政社分开体制转变,到 1986 年乡村政社合一的管理模式完全退出了中国的历史舞台。历时 3 年多的"全国农村人民公社政社分开、建立乡政府的工作已经全部结束"④。

2. 第二阶段,从十三届四中全会到党的十六大

前文已经说过,20 世纪 80 年代农村基层党组织的"功能"仍然延续的是后人民公社的政治优势和行政权力。随着改革的进一步深化,尤其是市场经济的冲击下,这种从旧体制转换过来的农村基层党组织的功能和结构已经与农村社会的变化不相适应。这种不相适应的矛盾在 20 世纪 80 年代已经显现出来,但到了 20 世纪 90 年代,矛盾已经演变成冲突性的矛盾,直接影响着党的领导核心作用的发挥。"农村基层组织中存在着不容忽视的问题。有些党组织处于软弱涣散以至瘫痪半瘫痪状态,不能发挥核心领导作用;有些地方对农民索取多、服务少,干群关系紧张;有些农村基层组织和干部的

---

① 蔡清伟.中国共产党农村社会治理的基本特点研究(1949—2013)[D].成都:西南交通大学,2014:108.

② 中共中央文献研究室.十二大以来重要文献选编(上)[M].北京:人民出版社,1986:253.

③ 中共中央文献研究室.十二大以来重要文献选编(中)[M].北京:人民出版社,1986:880.

④ 中共中央文献研究室.十二大以来重要文献选编(下)[M].北京:人民出版社,1988:1161.

素质，同担负的改革和建设任务不相适应。"①为此，从 20 世纪 90 年代初期开始，党中央出台了一系列关于夯实农村基层组织的文件，旨在进一步强化党在农村工作的核心地位。这些文件和讲话主要有 1990 年 12 月 13 日中共中央关于批转《全国村级组织建设工作座谈会纪要》的通知、1994 年 10 月 26 日胡锦涛《把农村基层组织建设提高到新水平》的讲话、1994 年 11 月 5 日《中共中央关于加强农村基层组织建设的通知》、1999 年 2 月 13 日《中国共产党农村基层组织工作条例》和 2002 年 6 月 24 日胡锦涛《全面贯彻"三个代表"重要思想，进一步加强和改进农村基层组织建设》的讲话②。

这些文件和讲话主要聚焦计划经济向市场经济转型中，农村党组织的功能和组织结构的变化的背景下，如何在市场经济的条件下更好地发挥党的核心作用，如何保证"两委"关系的有序健康发展的问题。

1990 年 8 月颁布的《全国村级组织建设工作座谈会纪要》，明确提出党的农村基层组织建设的急迫性和重要性。就党在市场经济体制确立背景下党在农村工作的中心任务提出了明确的新要求："（一）提出全村经济发展与精神文明建设的意见，通过村民委员会的工作，把党的方针政策和党支部的意图变为群众的自觉行动。（二）讨论村民委员会的重要工作，支持和帮助村民委员会按照法律独立负责地开展活动。（三）协调村民委员会同其他组织的关系。（四）对在村民自治组织中工作的党员和干部进行考核和监督。党支部要认真改进领导方法和工作方法，放手让村民委员会干部发挥作用，不要包办代替他们的工作。"③

1994 年 10 月，胡锦涛就农村基层组织建设提出了"五好"目标：打造一

① 中共中央文献研究室.十四大以来重要文献选编（上）［M］.北京:人民出版社，1996:432.

② 蔡清伟.中国共产党农村社会治理的基本特点研究（1949—2013）［D］.成都:西南交通大学,2014:111.

③ 中共中央文献研究室.十三大以来重要文献选编（中）［M］.北京:人民出版社，1991:1338–1339.

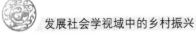

个好班子,培育一支好队伍,精选一条发展的好路子,完善一个好体制,健全一套好制度。"这五个方面的目标是一个有机联系的整体,是当前党对农村基层组织建设工作的基本要求。"①1994年中央《关于加强农村基层组织建设的通知》进一步明确了"两委"之间的关系,强调了党在农村的核心领导作用,同时明确了乡镇政府与村委会的关系:"村民委员会必须把自己置于党支部领导之下,积极主动地做好职责范围内的工作。乡镇政府应当尊重村民委员会的法律地位,支持其工作;村民委员会应当积极取得乡镇政府的指导、支持和帮助,在履行村民自治职能的同时,积极完成乡镇政府布置的工作任务。"②

1999年2月13日,中共中央颁布了《中国共产党农村基层组织工作条例》。此条例共八章三十四条。主要规定了组织设置、职责任务、经济建设、精神文明建设、干部队伍和领导班子建设、党员队伍建设等。村党支部的主要职责有贯彻执行党的路线方针政策和上级党组织及本村党员大会的决议;讨论决定本村经济建设和社会发展中的重要问题;领导和推进村级民主选举、民主决策、民主管理、民主监督,支持和保障村民依法开展自治活动;搞好支部委员会的自身建设,对党员进行教育、管理和监督;负责村、组干部和村办企业管理人员的教育管理和监督;搞好本村的社会主义精神文明建设和社会治安、计划生育工作。③

2002年6月,胡锦涛明确提出了"两委"关系不协调的现象,"有的村党支部习惯于传统的领导方式和方法,包揽应当由村委会管理的事务,忽视村民自治;有的村委会片面认为村民自治就是村委会说了算,不能正确处理坚

① 中共中央文献研究室.十四大以来重要文献选编(中)[M].北京:人民出版社,1997:1010-1011.
② 中共中央文献研究室.十四大以来重要文献选编(中)[M].北京:人民出版社,1997:1052.
③ 蔡清伟.中国共产党农村社会治理的基本特点研究(1949—2013)[D].成都:西南交通大学,2014:112.

持党的领导与村民自治的关系"①。又进一步指出了解决这个问题的方法，依照有关法律和条例，明确村党支部和村委会的职责，把加强党的领导、充分发扬民主、严格依法办事有机地统一起来；规范村级重大事务决策和管理程序；建立和完善村民会议和村民代表会议制度，完善村民自治章程和村规民约，规范村务公开特别是财务公开制度，加强民主监督，保障村民当家做主的权利；进一步改进农村基层干部选拔任用方式，选配好村党支部和村委会领导班子。②

3.第三阶段，从党的十六大到党的十八大

新世纪，新千年，党的农村基层组织建设也迎来了新的发展阶段，这十年党的农村基层组织建设呈现了以下特色：

第一，更加深刻地认识到了农村基层组织建设的重要性急迫性。无论是党的十六大还是十七大，对农村基层组织建设的重要性都提出了新的定位。十六大把基层组织定位于党的基础地位：基础不牢，地动山摇。十七大则明确提出了党的基层组织建设直接影响到党的执政地位。"党的基层组织是党执政的组织基础……充分发挥基层党组织推动发展、服务群众、凝聚人心、促进和谐的作用。"③党的十八大在坚持十七大的基本精神的前提下，又提出了一些新的观点："以服务群众、做群众工作为主要任务，加强基层服务型党组织建设。以增强党性、提高素质为重点，加强和改进党员队伍教育管理，健全党员立足岗位创先争优长效机制，推动广大党员发挥先锋模范作用。"④

---

　　①　中共中央文献研究室.十五大以来重要文献选编（下）[M].北京:中央文献出版社,2003:2439.

　　②　蔡清伟.中国共产党农村社会治理的基本特点研究（1949—2013）[D].成都:西南交通大学,2014:112.

　　③　中共中央文献研究室.十六大以来重要文献选编（上）[M].北京:中央文献出版社,2005:40-41.

　　④　中共中央文献研究室.十七大以来重要文献选编（上）[M].北京:中央文献出版社,2009:41.

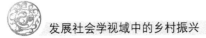

第二,把"三农"问题作为农村基层组织建设工作的重中之重。新世纪以来,"三农"问题从学者的研究热点上升为党的农村工作的"主题词"。这十年连续发布了10个有关"三农"的中央一号文件。这10个文件就农村发展方向、农村党组织建设等问题都提出了新的要求。鲜明地提出了党在"三农"工作中的领导作用。"不断增强农村基层党组织的战斗力、凝聚力和创造力。充分发挥农村基层党组织的领导核心作用,为建设社会主义新农村提供坚强的政治和组织保障。"①

第三,加强村级党组织建设与村级组织建设的密切结合,建立健全农村基层组织建设的工作机制。对此,着重做了以下工作,一是加强农村思想政治教育,探索让干部经常受教育、使农民长期得实惠的有效途径,建立健全农村基层组织建设的工作机制。农村基层组织建设首先要以村党组织为核心,使村党组织真正发挥领导核心作用。村民委员会的职能是依法管好本村事务,发挥好为农户服务的功能,其他村级组织能够各司其职、富有成效地开展工作。二是进一步理顺村党组织与村委会的工作关系,在增强团结协作上取得新进展。加强对村党组织和村委会班子成员的教育,帮助他们自觉把坚持党的领导、充分发扬民主、严格依法办事统一起来。三是解决一些地方村党组织后继乏人的问题。基层干部选拔的标准是"办事公道、作风正派、能带领群众致富",选拔的主要对象是农村知识青年、退伍军人、外出务工返乡农民、农村致富带头人等,引导高等学校毕业生和选派县乡年轻干部到乡村任职。②

4.第四阶段,从党的十八大至今

党的十八大以来,以习近平为核心的党中央,以更加坚定的政治决心、更大的理论勇气、更高的政治智慧,推动着党的乡村组织建设。明确提出了

① 中共中央文献研究室.十八大以来重要文献选编(上)[M].北京:中央文献出版社,2014:716.

② 蔡清伟.中国共产党农村社会治理的基本特点研究(1949—2013)[D].成都:西南交通大学,2014:113-114.

在乡村振兴中，要一以贯之地坚持党在农村中的核心领导地位。在新时代要加强党在农村组织建设的科学性，坚持"以农民为中心"，把农民对美好生活的向往作为党在农村工作的奋斗目标。为此，首先要建设一支政治立场坚定的党员队伍；其次，要不断提高农村基层党组织的治理本领；再次，要建立新型的服务型、学习型新型农村党组织；最后，党的在农村的一切工作中心要紧紧围绕乡村振兴这个大文章。

　　总之，从改革的 40 多年看，建立强有力的政党，是走向现代化的国家实现政治稳定的关键。在新中国实现现代化的进程中，强化党在各方面的领导核心作用，对中国稳定发展至关重要。在新中国成立初期，由于多重因素的影响，在农村的政治发展中，党选择了"一元化"领导的农村权力结构。不能否认，这种"一元化"的领导，对新中国政权的稳定，对中国共产党执政地位的巩固都起了很大的作用。但实践也证明，这种"一元化"的权力结构体系窒息了社会的活力，不利于调动各方面的积极性。构建"多元化"的权力结构是适应农村经济、政治、文化和社会发展的需要。这种"多元化"的权力结构并不否定党的核心领导，相反，有利于提高党领导的效力。在坚持党对村民自治领导的前提下，必须改善党的领导，提高党执政的能力。改善党的领导是以党政分开为起点的。党政分开不仅提高了党的有效领导，而且增加了行政权力的自主性。党政分开也使共产党的权力有了边界，党也从全能型政党走向有限型，从集权型走向民主型。①

---

　　①　蔡清伟.中国共产党农村社会治理的基本特点研究(1949—2013)［D］.成都:西南交通大学,2014:113-114.

第二节　制度保障：创新乡村振兴保护制度

产业兴旺是乡村振兴的核心目标，振兴农村产业，必须从制度上加强保障。制度保障主要通过巩固和完善农村基本经济制度、建立新型农业支持保护制度来实现。

一、巩固和完善农村基本经济制度

(一)主体明晰：首抓农业这一环

民以食为天，无粮不稳。中国最大的实际问题是农村问题，农村问题的解决关系到中国十几亿人吃饭的大事。十一届三中全会后，中共高层就"首先解决农村问题"达成共识。之所以产生这样的共识，从根本上说是为了解决中国的温饱问题，而吃饭问题是任何国家的头等大事。正如马克思指出："最文明的民族也同最不开化的野蛮人一样，必须先保证自己有食物，然后才能考虑去获取别的东西。"①

当时的中国面临的一个最大实际问题是，种地的农民解决不了自身的吃饭穿衣问题。无论中外历史都一再证明，没有坚实的农业文明，人类就无法前行。换言之，一个国家安全的砝码在于农村的发展、农民的稳定。从中国革命年代锤炼出来的中共高层对农村重要性的认识比任何政党都深刻。在中国革命时期，正是中国共产党牢牢地抓住了农村，才赢得了最后的胜利。对农村农业农民方面存在的问题，陈云指出："我们搞四个现代化，建设社会主义强国，是在什么情况下进行的。讲实事求是，先要把'实事'搞清

---

① 马克思恩格斯全集.第 12 卷［M］.北京：人民出版社,1998：354.

楚。这个问题不搞清楚,什么事情也搞不好……我们国家是一个九亿多人口的大国,百分之八十的人口是农民。革命胜利三十年了,人民要求改善生活。有没有改善? 有。但不少地方还有要饭的,这是一个大问题……不估计到这种情况,整个经济搞不好。"①老一辈革命家李先念也指出:"农民是个大头,他们的生产和生活安排好了,整个中国就安定了。"②

(二)破土而出:家庭联产承包责任制

承包责任制并不是 20 世纪 70 年代末才出现在党和政府文献中的名词。无论是初级社、高级社乃至人民公社时期,承包责任制都是党和政府所倡导的农业生产制度。这种农业生产责任制是农村集体经济组织内部的一种劳动组织方式,它有一个普遍的发展过程,即从不联产的责任制发展为联产的责任制,从只联产到作业组发展到联产到户。这个发展变化的过程,实际上是在不断更新过去那种集体经济的管理模式,创造新型的、更有活力和效率的经济管理的实现形式。③

"不联产的责任制,几乎是伴随着原来的集体经济组织共同产生的。"④从新中国农村发展的历程看,不联产承包责任制从初级农业生产合作社章程到人民公社章程都有明文规定。但这种包产的责任制无论是合作社时期还是人民公社时期,所谓的包产无非是大集体与小集体之间的责任关系,没有从根本上改变基本的生产单位。

这种包产责任制完全忽视了农民这一真正劳动主体的话语权,在行政主导下,农民从事着应该以他们为主导的生产实践,农民个体的积极性被扼

---

① 陈云.陈云文选.第三卷[M].北京:人民出版社,1995:250.

② 李先念.李先念文选(一九三五——一九八八年)[M].北京:人民出版社,1989:355-356.

③ 蔡清伟.中国共产党农村社会治理的基本特点研究(1949—2013)[D].成都:西南交通大学,2014:150.

④ 陈锡文,赵阳,陈剑波,等.中国农村制度变迁 60 年[M].北京:人民出版社,2009:23.

杀。这种小集体对大集体的包产制度旨在贯彻上级的指令统一经营。这种集体化的承包方式不能从根本上调动农民个体的劳动积极性,为偷懒者提供了方便的空间,扼杀了真正干活者的积极性。在农业的集体经济组织中,实行责任制是绝对必要的;但是,实行责任制,而又想不联产、不到户,实际上是行不通的。不联产不到户的生产责任制,最终会使农业的责任制形同虚设,因为它决定不了在农业这个特定领域内的对劳动的管理、监督、评价和激励问题。①

这种既不联产又不到户的责任制的效率产出仅仅是"出工不出力"的结果。要打破这种"出工不出力"的现象,必须将集体组织的劳动力划分到一个规模更小的管理单位中去;不仅要对每一个劳动管理单位实行生产责任制,每一个劳动管理单位也必须对每一个劳动者实行生产责任制。联产到户的新型责任制便破土而出。② 20 世纪 80 年代早期家庭责任制的实施,最好应该看作是国家自 20 世纪 50 年代以来,在应对群众抗议而不断进行的农村政策调整过程中,所迈出的既符合逻辑也为深远的一步。③ 安徽省则成为这次农村联产到户经济管理创新的典范。

(三)从争论到国家认可:家庭联产承包责任制艰难正名

20 世纪 70 年代末由安徽省掀起的第四次"包产到户"的浪潮,和前几次一样也没有逃脱被争论的尴尬境地,中共中央对"包产到户"的政策也历经了从不允许,允许例外、小范围允许到全面推广。④ 这个一波三折的过程最好视作不仅是对此前的一套农业政策的背离,同时也是促成国家在集体化

---

① 陈锡文,赵阳,陈剑波,等.中国农村制度变迁 60 年[M].北京:人民出版社,2009:25.
② 蔡清伟.中国共产党农村社会治理的基本特点研究(1949—2013)[D].成都:西南交通大学,2014:150.
③ [美]李怀印.乡村中国纪实:集体化和改革的微观历程[M].北京:法律出版社,2010:4.
④ 蔡清伟.中国共产党农村社会治理的基本特点研究(1949—2013)[D].成都:西南交通大学,2014:158.

时期不断调整其农业政策的实用主义取向的延续。①

1978 年冬小岗村的大包干,经过四年的实践业绩证明使上层对"大包干"的看法发生了根本性的改变。在事实胜于雄辩的情况下,1982 年的《全国农村工作会议纪要》赋予了"大包干"合法性,指出包干到户和其他责任制一样"都是社会主义集体经济的生产责任制。不论采取什么形式,只要群众不要求改变,就不要变动"②。1983 年,中央一号文件全面肯定了家庭联产承包制,指出:"这是在党的领导下我国农民的伟大创造,是马克思主义农业合作化理论在我国实践中的新发展。"③家庭联产承包责任制最终纳入合法轨道。

(四)从定心丸到长效丸:不断创新完善的乡村家庭承包制度

"包干到户"的承包责任制,从 1978 年冬夜,安徽省小岗村的实践行动到 1983 年中共中央、国务院发出《关于实行政社分开建立乡政府的通知》,人民公社最终在农村解体,虽历经跌宕起伏,但最终"名正言顺"。"包干到户"的承包制无疑极大地解放了农村的生产力,这就是中共高层的最终共识。这种"共识"催生中央考虑稳定这一"灵丹妙药"的制度。

为了给农民以稳定的心里预期,1984 年中央一号文件《中共中央关于一九八四年农村工作的通知》明确规定,土地承包期的期限一般应在 15 年以上。这是第一次以中央文件形式明确规定了农村土地承包的承包期。

在农村改革的第 10 个年头,农村经济有了巨大的发展。但是,1988 年以来由于诸多原因农村发展中出现了新的问题。这些问题的产生冲击着家庭承包责任制,动摇了农民的决心。在此关键时刻,党中央再次明确:"以家

---

① [美]李怀印. 乡村中国纪实:集体化和改革的微观历程[M]. 北京:法律出版社,2010:295.

② 中共中央文献研究室. 三中全会以来重要文献选编(下)[M]. 北京:人民出版社,1982:1064.

③ 中共中央文献研究室. 十二大以来重要文献选编(上)[M]. 北京:人民出版社,1986:253.

庭经营为主的联产承包责任制,符合目前我国大多数地区农业生产力的发展水平,仍具有旺盛的生命力,应保持稳定并不断完善。"①三年后,党中央文件再次用新话语肯定家庭联产承包责任制对我国农村发展的重要性,明确指出它是一项长期的基本制度,对此不能有丝毫的犹豫和动摇。②

1993年11月5日,中共中央、国务院公布了《当前农业和农村经济发展的若干政策措施》,明确提出了"三十年不变"的新政策。规定农户的土地承包期限制由15年不变延长到30年不变,对于进一步巩固和规范农村的土地产权关系有重要意义。1995年3月28日,国务院批转农业部《关于稳定和完善土地承包关系的意见》的文件中,进一步强调土地承包期"再延长三十年"的新政策。需要指出的是,此文件还第一次比较详细地规定了土地承包经营权流转机制。

党的十五届三中全会通过了《关于农业和农村工作若干重大问题的决定》,这份文件全面总结了农村改革20年的基本经验,肯定了实行家庭联产承包责任制以来农村取得的巨大成就。在文件中,鉴于农村出现的新情况,第一次正式以家庭承包经营取代了家庭联产承包责任制,并明确提出长期稳定以家庭承包经营为基础、统分结合的双层经营体制,"是党的农村政策的基石,决不能动摇"③。

21世纪以来,无论是党的十六大、十七大、十八大还是十九大,或者中央的16个一号文件,都一以贯之地坚持了家庭承包经营制度是党的农村政策的基石,不能动摇的思想。

---

① 中共中央文献研究室.十三大以来重要文献选编(上)[M].北京:人民出版社,1991:341.

② 中共中央文献研究室.十三大以来重要文献选编(下)[M].北京:人民出版社,1993:1762.

③ 蔡清伟.中国共产党农村社会治理的基本特点研究(1949—2013)[D].成都:西南交通大学,2014:158.

二、建立新型农业支持保护制度

(一)加大支农投入力度

有钱好办事,办大事需要大投入。有了财政支持,才能办好乡村振兴这件大事。毋庸置疑,乡村振兴需要国家长期化的财政支持。党的十八大以来,党和国家不断加大对"三农"支持的力度,国家财政始终把"三农"作为支出的重中之重,地方财政也不断加大对本地"三农"的投入力度。除此之外,其他投资主体也对"三农"抛出橄榄枝。可以这样说,目前已经形成了多方面的乡村振兴融资渠道。鉴于此,无论是党的十八大还是党的十九大都明确提出了要加大对乡村振兴的财力支持,拓宽投入渠道。从政策体制机制上加强对乡村投入资金的管理力度,保证用好每一分钱。

创新财政支农方式是党的十八大以来乡村振兴融资方式的一大亮点。在乡村振兴投资中有两大投资方,一是各级政府,二是社会资本。如何使政府和社会资本更好地合作以此解决乡村振兴"缺钱难办事"的困境,需要进行创新。

政府和社会资本合作模式(PPP)就是创新的结果,它不仅一定程度上解决了乡村振兴融资难的问题,而且较好地解决了政府和社会资本的合作困境。

2016 年,国务院办公厅明确提出了"多个渠道引水、一个龙头放水"的乡村扶贫投入新格局。这种投资方式在 2017 年推广到全国各个贫困县,从一定程度上解决了贫困地区乡村振兴融资难的问题,为精准扶贫提供了有力的资金保障。2018 年 3 月末,全国政府和社会资本合作(PPP)综合信息平台管理库中农业领域项目有 58 个,投资额 559 亿元。

解决了投资问题仅仅是一方面。另一方面是如何用好、管好这笔钱。对此,国务院在 2017 年出台了《关于探索建立涉农资金统筹整合长效机制的意见》,财政部、国务院扶贫办联合发布《关于做好 2018 年贫困县涉农资

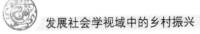

金整合试点工作的通知》,这些文件和通知旨在以制度形式保证乡村资金投入使用的合法化。

把钱用到刀刃上,建立乡村振兴更加可持续的内生增长机制。坚持"重点论"和"两点论"相统一的观点。乡村教育、文化、公共基础设施和生态环境是乡村振兴的重点,要把乡村振兴中这些问题作为财政投入的重点。

(二)深化重要农产品收储制度改革

玉米收储制度作为粮食收储制度改革的先行者,价格市场形成机制已经形成。玉米收储制度市场化改革,牵一发而动全身,落一子而全盘活,为粮食价格市场化改革探路。规模化经营是实现节本增效、增加种粮农民收益的突破口。粮食收储制度改革涉及利益关系调整,特别是涉及千家万户农民的利益,处理不好可能对粮食安全造成影响。

中国宏观经济研究院产业与技术经济研究所所长黄汉权认为,粮食收储制度改革后,粮食价格随之下降,规模化经营是实现节本增效、增加种粮农民种植收益的一个突破口,可以通过土地适度规模化和服务社会化、规模化,来实现粮食提质增效,提高农民种粮信心。

保护好农民利益是粮食收储市场化改革首要考虑的因素。要培育和发展多元粮食市场主体,营造公平竞争的市场环境,积极引导多元市场主体入市收购,构建多元粮食市场主体共同保障国家粮食安全的新格局。为了鼓励企业多购、多加、多销,国家和东北三省一区对粮食企业特别是玉米加工企业实行加工补贴政策。

(三)提高农业风险保障能力

1.农业风险的初级保障:完善以生产和生活救助为主的灾害救助制度

在三次产业结构中,农业与第二、第三产业相比,是风刮得着、太阳晒得着的人类赖以生存的最基础产业。尽管随着农业生产力不断的改进提高,农业靠天吃饭的困境一定程度上得到缓解,但农业仍然是一种弱质性产业,其靠天吃饭的风险性仍比其他二、三产业风险性更大,风险防范能力更差。

这种风险的可控性不是以人类的意志为转移的,科学技术再先进,人类在重大自然灾害面前仍感到力量渺小。

近年来,伴随着中国城镇化、农业现代化进程的快速推进,城市的不断扩容,农村劳动力的流失越来越严重。从某种意义上讲,外出农民工增加了家庭的收入,但对农村可持续劳动力建设以及粮食安全也带来了不利影响。农民外出打工的根本原因,一是农业风险高,二是农业收入低。在这一高一低的现实面前,农村青壮年选择了相对而言低风险高收入的二、三产业。虽然他们中大多数处于二、三产业的弱势边缘化群体,但相对于他们从事的农业来说,仍然是华丽转身。总之,抵御农业自然灾害的风险,提高农业收入,留住农村人才需要从体制上加以解决。

2. 农业风险的中级保障:构建以农业保险为主的损失补偿机制

尽管国家对农业自然灾害进行了补偿,但这种补偿还不能从根本上补充农民个体的损失,加之一些农村"硕鼠"暗度陈仓,情况变得更加糟糕。如何从体制机制层面建立和完善农业风险灾害补偿和防范机制,筑牢农业风险防范堤坝,稳定农业生产,提高农民收入,是乡村振兴急需解决的问题之一。

从西方发达国家的历史经验来看,农业保险在农业风险管理中起到了重要的作用,已经与政府救济和低息贷款一起成为农业风险保障体系的重要组成部分。参照国外农业保险发展的成功经验,中央政府于2007年首先在内蒙古、吉林、江苏、湖南、新疆和四川等省区开展了政策性农业保险试点工作,通过由政府财政提供部分保费补贴和管理费补贴的方式,推动农业保险的发展,并取得了良好的成效。目前政策性农业保险的试点已推广到全国。①

---

① 张伟,岑敏华,罗向明.中国农业风险的多维保障机制研究[J].农村经济,2014(2):61-65.

3.农业风险的高级保障:建立以最低收购价和农产品期货为主的价格稳定机制

农业保险承保的是农产品的产量损失风险,当农产品因自然灾害的影响造成实际产量低于预期产量时,保险公司将参照农产品的市场价格,按照保险条款约定的补偿标准,对受灾农民提供经济补偿,农业保险实际上保障的是农产品的产量风险。稳定的产量水平是农民获取稳定农业经营收入的必要条件,但却非充分条件,因为农民从事农业生产的收入不仅取决于农产品的产量,同时也取决于农产品的价格水平。

在农产品价格不变或者价格上升的情况下,产量的提升意味着农民收入水平的提高。但对于正常商品而言,随着供给数量的上升,其价格会随之下降。事实上,绝大部分农产品都是缺乏需求弹性的商品,这意味着随着农产品供给量增加所带来的价格下降并不会导致该农产品的需求出现较大幅度的上涨,用经济学术语表示就是:农产品价格下跌的百分比大于需求增加的百分比。①

三、促进自治法治德治有机结合

(一)自治为基:健全和创新村党组织领导的充满活力的村民自治

1.庄稼汉的政治壮举:村民委员会的诞生

每一种改革方案都会带来一些新的问题,而这些问题又会引发一套新的改革方案。② 中共十一届三中全会后,小岗村的大包干在全国各地普遍推广,家庭承包经营也最终取得合法制度。家庭承包经营的合法性,动摇了人民公社管理体制的经济基础,原先通过人民公社而渗透到农村最底层的国

---

① 张伟,岑敏华,罗向明.中国农业风险的多维保障机制研究[J].农村经济,2014(2):61-65.

② [美]彼得斯.政府未来的治理模式[M].吴爱明,夏宏图,译.北京:中国人民大学出版社,2001:5.

家力量也逐步从农村社会的各个领域退出。

但是，家庭联产承包责任制并没有为农村地方公共事务的管理提供相应的制度安排。这样，在人民公社解体以后，我国农村基层就出现了一个"治理真空"。正是为了填补这一"真空"，20世纪80年代初，首先是广西宜山县和罗城县的农民自发地组织了村民委员会这样一种村民自治的组织形式，以后就很快被各地所效仿，并得到了国家的承认。①

经济基础决定上层建筑。安徽小岗村的"家庭承包责任制"改变了原有的农村经济运营模式。这种"去集体化"的农村经济改革，从根本上动摇了"一大二公"的人民公社式的农村管控模式的经济基础，也由此产生了乡村社会秩序的新问题。

原有的高度集中"外力"推动的人民公社管理体制，其内生的"自治力"比较低，造成了村民对国家的极大"依附性"。家庭承包制的意义不仅在于改变了原有的农村生产方式、生产单位，而且极大地解放了农村生产力，与此同时也引发了乡村治理的变革。

广西合寨村成为乡村治理变革的典范，显示了中国农民的政治智慧。最早的村民委员会组织诞生于广西壮族自治区宜州市（原为宜山县）屏南乡合寨村果地屯（现为合寨村所属的自然村）。合寨村自包产到户后，获得自由的农民马上面临新的问题，最为突出的是社会治安恶化，社会矛盾增多。由于缺乏有效的组织管理，村集体山林被人任意砍伐，无人劝阻，村内偷盗成风。② 1980年春，为了维护集体和个人财产，广西合寨村的壮族农民蒙宝亮等20多人"组织村民选举产生了中国第一个村民委员会，敲响了中国基

---

　　① 蔡清伟.中国共产党农村社会治理的基本特点研究（1949—2013）[D].成都：西南交通大学，2014：163

　　② 蔡清伟.中国共产党农村社会治理的基本特点研究（1949—2013）[D].成都：西南交通大学，2014：164.

层民主政治的开场锣鼓"①。

科恩说:"如果人类不能联合在一起制定法则并服从所制定的法则,如果人类不能互相讲理,互相理解,那就有理由说民主只是空想。"②广西合寨村的百余个村民们的民主选举行动,不仅选出的是能为村民办事的领导成员,更有重要意义的是这一壮举开创了农村治理的新篇章。民主选人,制度管人是合寨村的最朴实的创新。合寨的村民们制定了"约"法,即《村规民约》和《封山公约》,这意味着中国最早村民委员会章程在此诞生。从"选官"到"定约",预示着新的乡村治理方式荣耀出场。"自治意味着不像他治那样,由外人制订团体的章程,而是由团体的成员按其本质制订章程(而且不管它是如何进行的)。"③合寨村的"两约"显然反映了村民的心声,维护了村民的利益,并为"人们普遍遵守的时候,他们的行动得以成功所须依凭的整体秩序才会得以产生"④。参与游戏的人,要比不参与游戏的人更遵守维护游戏规则,合寨村们的"两约"制约力立竿见影,一度盛行的赌博风被刹住了,偷盗事件大为减少。村委会的出色工作成绩,赢得了村民的充分信任。

合寨村村委会的诞生和成功实践,从制度上解决了人民公社解体后"一时失序"的乡村社会管理问题。正所谓,"经济行为的自由,为整个农民行为的自由奠定了经济基础,并产生一种倒逼机制,促使限制农民行为自由的体制机制不断改革。由此,乡村治理机制就会逐渐脱离人民公社体制下的轨道,走上一条以'自己管自己'的路子"⑤。

党的十一届三中全会后,市场理念和行为开始静悄悄一步步地植入社

---

① 王布衣.震惊世界的广西农民——广西农民的创举与中国村民自治[M].南宁:广西人民出版社,2008:14-15.

② [美]科恩.论民主[M].聂崇信,朱秀贤,译.北京:商务印书馆,1998:60.

③ [德]马科斯·韦伯.经济与社会(上卷)[M].林荣远,译.北京:商务印书馆,1997:78.

④ 邓正来.规则·秩序·无知——关于哈耶克自由主义的研究[M].北京:三联书店,2004:207.

⑤ 陈锡文,赵阳.中国农村制度变迁60年[M].北京:人民出版社,2009:343.

会,也渗透进乡村社会,使乡村村民得以脱离原来的严密控制的计划体制与国家对人身的控制,获得了自由流动的可能,社会空间自主性得以出现,提升了参与和分享自治权力的欲求。同时,中共执政理念也在悄然发生着变化,认识到在安排事务时,应该多利用自发的社会力量,以强化基层社会的自我治理。这些变化为乡村治理创新创造了重要的条件,也提供了巨大的空间。①

2.创新乡村社会治理:营造村民自治发展的新环境

"较高的教育水平、较大的经济安全感和较高的生活水准,可以增强文化和民主自由的效果。"②换言之,作为观念的民主文化受制于经济发展的水平。党的十六大之后,伴随着中国整体性发展,乡村的经济发展水平、文化教育都有了更加显著的提高。经济发展水平的变化,村民教育水平的提高激发了乡村政治参与的活力。

(1)乡政新环境:建设服务型的乡镇政府

乡镇政权是中国国家政权体系的神经末梢,是联结"国家"与农村社会的桥梁,并代表国家对农村社会实行直接治理。从某种程度而言,在农民眼里,乡镇即是国家,乡镇政府的作为直接关系到农民的参与行动。新中国成立以来,乡镇政府的职能经历了一个持续不断的变迁过程。这一变迁的特征是从管制汲取型政府向服务型政府的转变。无论是新中国成立初期的乡镇政权或者是人民公社时期的政权,都是以高度集中的管制为特色。党的十一届三中全会后,在下放权力、扩大基层民主的改革决策推动下,中国政府的职能也在经历着不断的变化。③

---

① 蔡清伟.中国共产党农村社会治理的基本特点研究(1949—2013)[D].成都:西南交通大学,2014:165.

② [美]西摩·马丁·李普塞特.政治人:政治的社会基础[M].张绍宗,译.上海:上海人民出版社,1987:399.

③ 蔡清伟.中国共产党农村社会治理的基本特点研究(1949—2013)[D].成都:西南交通大学,2014:165.

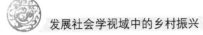

（2）经济新环境：支农强农惠农富农新指针

改革开放以来，中国的经济以加速度的态势发展，农村各方面也有了长足的发展。但是，党的十六大以来，农村的改革发展出现了新情况新问题。对此，党和政府审时度势，在"发展要有新思路，改革要有新突破，开放要有新局面，各项工作要有新举措"①的新理念下，及时不断地调整城乡发展战略和政策导向。"如果你想要造就民主，就请促进经济增长"②。党的十六大提出："统筹城乡经济社会发展，建设现代农业，发展农村经济，增加农民收入，是全面建设小康社会的重大任务。"③此后，党和政府再三强调要把"三农"工作作为重中之重的工作抓紧抓好抓牢，连续多年的中央一号文件凸显党和政府对"三农"问题的重视，体现了"强农惠农富农是一个理论上不断有新突破，在实践上不断有新发展的历史进程"④。

（3）社会新环境：着力提升打造乡村民生新概念

考察中国共产党革命、建设、改革的每个历史进程，都是首先从民生问题入手。由于历史条件的不同，各个时期的决策者对社会建设的关注点不同。在毛泽东时期，社会建设的重点主要是解决关乎人民生存的基本条件的根本问题。改革开放以来，社会建设的重点则是关注民生的改善，提升民众的生活质量与层次。

党的十六大以来，以胡锦涛为总书记的党中央第一次旗帜鲜明地把民生至上的理念写在党的文件和报告中⑤，党的十七届三中全会又为我们勾画

---

① 中共中央文献研究室.十六大以来重要文献选编（上）[M].北京:中央文献出版社,2008:16.

② [美]亨廷顿.第三波:20 世纪后期民主化浪潮[M].刘军宁,译.上海:三联书店,1998:4.

③ 中共中央文献研究室.十六大以来重要文献选编（上）[M].北京:中央文献出版社,2008:17.

④ 蔡清伟.十六大以来农村社会管理理论与实践探析[J].人民论坛,2013(5 中):46-47.

⑤ 蔡清伟.胡锦涛对社会管理理论与实践的新贡献[J].南昌大学学报（人文社会科学版）,2012(6):15-20.

了未来农村的美丽蓝图——"扩大公共财政覆盖农村范围，发展农村公共事业，使广大农民学有所教、劳有所得、病有所医、老有所养、住有所居"①，要让农民充分享受中国改革发展的成果。党的十九大报告则明确指出："保障和改善民生要抓住人民最关心最直接最现实的利益问题，既尽力而为，又量力而行，一件事情接着一件事情办，一年接着一年干。坚持人人尽责、人人享有，坚守底线、突出重点、完善制度、引导预期，完善公共服务体系，保障群众基本生活，不断满足人民日益增长的美好生活需要，不断促进社会公平正义，形成有效的社会治理、良好的社会秩序，使人民获得感、幸福感、安全感更加充实、更有保障、更可持续。"②可以预期，党和政府对"三农"问题的高度重视，必然会极大地改变和解决农村民生问题，一个经济、政治、文化、社会和生态更加和谐的乡村蓝图一定会成为现实。

3. 培育与规制：中国农村社会组织的有序发展

乡村民间组织在中国历史上存在已久，不算新事物。但是改革开放后在乡村滋生孕育的民间组织，从实质上讲不同于历史上的民间组织，它呈现了许多新的内涵。

"改革开放之后所形成的民间组织的成长，就不是一般意义上的民间性组织的建设和发展，而是一种新的社会机制和社会力量的发育和成长。"③民间组织的出现，也引起了党和政府的高度重视，在理论界对民间组织百家争鸣的情况下，党的十六届六中全会首次官宣命名"社会组织"，党的十七大报告就"社会组织"做了更为明晰更为全面的论述。从十六届六中全会到十七大，党对"社会组织"的论断，赋予了"社会组织"顶层设计的政治表态。

---

① 中共中央文献研究室.十七大以来重要文献选编（上）[M].北京：中央文献出版社,2008：683.

② 习近平.决胜全面建成小康社会 夺取新时代中国特色社会主义伟大胜利[N].人民日报,2017-10-28.

③ 王名.中国民间组织30年：走向公民社会[M].北京：社会科学文献出版社,2008：264.

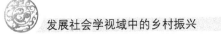

第一,乡村社会组织发展推动了乡村民主的健全和完善,拓宽了乡民参与民主的渠道。

经济基础决定上层建筑。中国乡村民主变迁得益于乡村改革和经济的发展。中国农村推行的家庭联产承包责任制冲击了原有的高度集中的乡村管理体制,乡村民主得以释放。"家庭承包制度是农民的选择和坚持,这直接表现为经济制度的嬗变突变。但是,这种改变已经产生并将继续产生更大的政治张力。"①

改革开放的40多年来,工业化、城市化、信息化、市场化、全球化的过程推动着中国社会发生深刻的变革,为个人提供了自由流动的机会和条件,家庭、宗族、村落已经无法将农民再捆绑在乡村这个小共同体中,这样,半工半耕②的社会成为中国农村社会发展的必然。半工半耕的农村社会,农民自主性越来越强,传统管理体制的合法性受到了冲击和挑战,新的管理体制和制度安排应运而生。在这样的社会背景下,村民自治基层民主经验被国家认可。但是,农村社会结构和组织的深刻变化,使农民自然地产生出对民主制度的要求和行为的逻辑,不断对农村基层民主提出新要求,并考验和推进基层民主的制度适应性。③

第二,社会组织有利于培养农民民主参与意识,提高农民政治地位。

阿尔蒙德指出:"社团在民主的政治文化中扮演了主要角色,与非团体的成员相比,团体成员可能认为他自己更有资格做一个公民,更为积极地参与政治活动,更了解和关心政治。因此,他似乎接近民主公民的模型。"④

从传统中国讲,虽然农民占大多数,但个体农民一直缺乏民主参与意

---

① 赵树凯.农民的政治[M].北京:商务印书馆,2011:9.
② [美]黄宗智.中国的隐形农业革命[M].北京:法律出版社,2010:73.
③ 蔡清伟.中国共产党农村社会治理的基本特点研究(1949—2013)[D].成都:西南交通大学,2014:177.
④ [美]加布里埃尔·A.阿尔蒙德,西德尼·维巴.公民文化——五个国家的政治态度和民主制[M].徐湘林,等译.北京:东方出版社,2008:289.

识,更缺乏民主管理能力。而民主参与意识和民主管理能力不是自生自发的,是需要通过不断的民主实践逐渐培养的。农村社会组织是农民在自发自愿的基础上成立的民间组织,这本身就意味着农民公民参与意识的觉醒。再者,农村社会组织不仅为培养公民意识提供了一个很好的平台,而且一定组织化的社会化参与能够提高参与的效率和有效性。农民在农村社会组织中的实践参与过程中,社会组织自觉地承担着政治民主过程的自我教育以及教育社会公众的功能,并且通过其村民的实际参与行动促使参与渠道、方式不断拓展和趋于完善。另外,农村社会组织能够更有力地反映农民的各种诉求,从而维护了农民的合法权益,提高农民的政治地位。

早在新民主主义革命时期,毛泽东就阐明了农民组织起来的重要性。但时至今日,农村组织化程度仍比较低。在这种情况下,由于缺乏代表自己利益的组织,缺乏表达利益诉求的渠道,就会使农民利益难以得到充分的保护。

农村社会组织的产生一定程度上克服了这种一盘散沙的状态。农民通过社会组织的团体力量来反映自己的合法诉求,这种作为群体的具有共性的普遍性的利益诉求,是任何执政者都必须认真考虑并做出回应的。

(二)法治为本:强化法律权威地位

1.从乡村实际情况出发,构建乡村法律机构

托克维尔指出"法律只要不以民情为基础,就总要处于不稳定状态"①,这段话告诉我们,法律只有反映和体现人情民意,才能得以存在下去。广西合寨村的"两约"村规正是合寨村民意志的真实反映和体现,"两约"立竿见影。乡村的法规必须能够切实地保护村民的权利,村民才能得以认可遵守。鉴于此,在乡村法律制定中,无论实体法或程序法都应以村民的根本利益为出发点,能够真实地保障村民的权利,这样才能赢得村民的认可,从而增加

---

① [法]托克维尔.论美国的民主(上)[M].董果良,译.北京:商务印书馆,1991:315.

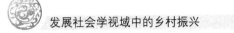

法律的公信力和可执行度。

完善基层法律服务机构。基层司法所、公安派出所、人民法庭等是根据基层公民的法律需求而设立,它们覆盖面极广且作用重大。作为国家法律体系的载体,基层法律机构就是现代法治渗入乡土社会的宗庙,基层法律机构必须朝着专业化的方向不断完善。

完善的机构设置更需要基层法律人发挥其主观能动性。乡土纠纷发生时,村民必然会对原有的乡土秩序有一定惯性与依赖,基层法律人应本着现代法治精神,灵活运用符合乡村本土情景的调解技艺,使纠纷的调解、执行都有效纳入法律规制的实际范围内。乡土社会的生存格局强烈要求基层法律人根据自己的乡土优势发挥主观能动性,对冰冷刚硬的法律法规进行适应性应用改造,打通二者之间的阻隔,使国家法律与乡土现实情景相契合。[①]

2. 打破特权势力,奠定乡村法治权威

乡村法治的权威依赖于"在乡村法律面前人人平等"。如果一部分人游离于甚至凌驾于乡村法律之上,以特权势力挑战法律,那么就会导致村民对法治权威的怀疑、失望、不信任。由于乡村社会是个"熟人社会",交往关系密切,抬头不见低头见。因此,往往基层执法、司法部门的具体行为渗透着"关系法",导致执法不公、司法腐败。这种现象的大量存在严重地影响了村民对法律的信仰,导致法治权威在村民心中的丧失。

尽管我国已经对司法体制改革做了很多工作,但其成效还没有达到令人满意的程度。一切司法改革只有建立在村民主体需要的基础上才有意义。如果乡村基层司法改革或执法机关不能真正维护广大村民的整体利益,反而为特权而存在,那么这种现象必然引诱村民相信"钱大于法"和"权大于法",使村民难以形成对法治权威的信仰。

因此,在乡村司法改革中,要加大对"关系案""人情案"等一切妨碍法律

---

① 李牧,李丽.当前乡村法治秩序构建存在的突出问题及解决之道[J].社会主义研究,2018(1):131–139.

公正的特权思想说"不",从保障全体村民利益出发严格执法,唯有如此,乡村法治权威才能得以在村民心中确立。

3.创新法治教育方式,提高农民法治意识

新时代,农民对法律并非一味抵触、全无所闻,经过40多年的普法努力,当下农民法治意识较以往已有大幅提升,但是大量农村法律实践中存在的不公平现象,致使"权钱可以左右法律"的观念在农民群体里依然有市场。毋庸置疑,农村法治建设、农民法治意识的提升还有很长的路要走。

鉴于此,普法宣传教育应继续以农民权利及其实现途径为主要内容,着力激发村民权利意识。在宣教方式上,除继承优秀传统外,还需因地制宜,创新宣教途径。如针对新时代乡村主导话语权转移的事实,普法宣教可以选择以乡土精英为中心点,发散辐射普通村民的进路方式,借助乡土精英的威望以及他们在乡村的话语优势,对普通村民进行二次法制教育,深化宣教效果,以逐步形成乡土法治氛围。

除此之外,新时代农村空巢现象愈发严重,留守儿童和空巢老人已然成为农村生活的主要常住人口。相较于老人,儿童受教育更加集中,也更容易接受新鲜事物,可塑性也更强。如仙桃市通海口镇部分农村中小学开展的"小手拉大手"的环保法律宣教,对当地环保工作产生了积极影响。因此以基层学校为载体,通过开展法制互动活动,借助晚辈向长辈反哺的教育传输模式,将法治观念、权利意识、规则程式传递给村民,以提高村民整体法治意识。另外,普法宣传教育多是从外部将法律知识传输给受教育者,要使这些法律知识真正内化于心,外化于行,作为法治能动者和主体的村民,参与法治建设实践是必不可少的。①

---

① 李牧,李丽.当前乡村法治秩序构建存在的突出问题及解决之道[J].社会主义研究,2018(1):131-139.

(三)德治为先:以德治滋养法治、涵养自治,让德治贯穿乡村

治理全过程

1.乡村治理体系中的德治

我国农村有着丰富的非正式制度资源,传统文化根基深厚,其中蕴含了大量的可以运用于乡村治理中的道德规范。在乡村治理体系中,德治即是通过相应的文化建设,运用农村特有的文化资源和道德规范,建立起每个村民都自愿遵循的行为规则体系,从而提高农村的社会治理水平,最终实现乡村治理的现代化和善治的目标。乡村治理体系中的德治是在法治和自治的基础上增加的新的治理途径。德治的意义在于治理结构中新的力量的介入,注重村庄的道德伦理的维护机制在实现乡村善治中的作用。[①]

2.乡村治理中德治的实现路径

(1)加强农村文化建设

乡村治理融入德治理念,就是要在乡村中形成共同的价值准则,塑造精神共同体,重建村民之间的精神纽带,增强村民对村庄的认同感和归属感,维护正常和谐的村庄秩序。使农村不仅物质资源丰富,而且有良好的精神风貌和积极向上的精神生活。

在乡村德治过程中,要将社会主义核心价值观和地方传统相结合,形成广泛认同的乡村社会基本规范,促进德治的顺利实施。要达到上述目的,需要加强道德文化建设,不仅要弘扬中华民族的传统美德,而且要用社会主义核心价值观引领农村道德文化建设,把科学、文明、民主、法治等现代理念传递给农民群众,同时要充分挖掘和利用乡规民约等非正式制度,发挥道德的教化和治理作用,使德治和法治相得益彰。[②]

[①] 乔惠波.德治在乡村治理体系中的地位及其实现路径研究[J].求实,2018(4):88-97.

[②] 乔惠波.德治在乡村治理体系中的地位及其实现路径研究[J].求实,2018(4):88-97.

（2）发挥乡贤在德治中的作用

乡贤是乡风文明的涵育者。乡贤厚植乡愁沃土,弘扬善行义举,有知识、有能力、有声望,以特有的乡土情怀和丰富的乡村生活经验获得较高威望,成为乡村精神文化的引导者、弘扬者和守护者。无论普通农民还是村干部,都对反哺桑梓的乡贤有着深刻的认同,由此形成的乡贤文化影响和感染村民,有助于提升村民的精神文化追求和道德情操,培育健康向上的乡风文明,引领乡村文化健康发展。尤其在推动乡村治理现代化的今天,乡贤文化着眼于乡村社会人心和人性的改造与建设,以满足村民的心理需求为目标,其倡导的同舟共济、造福桑梓的思想对弘扬优秀传统文化、推动社会主义核心价值观的日常化、实践化有着重要影响。[①]

总之,基层党组织带领乡村振兴,领导更要讲方略。所谓方略,大致涵盖了三个层面。

第一个层面是自治。自治就是要求村民在不逾越国家大法的前提下自行解决和处理村中的具体事务。而村民自治实践的深化,需要基层党组织干部的协助与领导,从而完善农村民主选举、民主协商、民主决策、民主管理、民主监督制度。规范村民委员会等自治组织选举办法,健全民主决策程序,并继续开展以村民小组或自然村为基本单元的村民自治试点工作,加强基层纪委监委对村民委员会的联系和指导。

第二个层面是法治。基层党组织干部需要深入开展“法律进乡村”宣传教育活动,提高农民法治素养,引导干部群众尊法学法守法用法。同时,自身也要增强法治观念、法治为民意识,切实把政府各项涉农工作纳入法治化轨道。

第三个层面是德治。德治就是要求党员干部主动深入挖掘乡村社会蕴含的道德文化资源,结合时代要求进行创新,强化道德教化作用,引导农民

---

① 张馨文.为乡村治理现代化注入乡贤文化价值[J].人民论坛,2020(5 下):154–155.

向上向善、孝老爱亲、重义守信、勤俭持家。建立道德激励约束机制,引导农民自我管理、自我教育、自我服务、自我提高,实现家庭和睦、邻里和谐、干群融洽。与此同时,党员干部也要用同样的准则要求自己,成为村民的楷模与榜样。最后,在法治与德治协同并行下,深入推动村民民主自治的实践活动,将乡村振兴战略规划落实到最深处。

第三节　物质保障:夯实乡村振兴的物质基础

改革开放以来,农业农村发生了翻天覆地的变化。特别是党的十八大以来,在我国综合国力显著增强的同时,在党的强农惠农富农政策强力支持下,农村经济社会实现了跨越式发展,农民收入大幅增长,农村贫困人口全部脱贫,全面建成小康社会的目标顺利实现。这一切,都为乡村振兴战略的实施,奠定了坚实的物质基础。

一、坚实基础:党的十八大以来综合国力显著增强

1.经济运行保持在合理区间,综合国力和国际影响力显著增强

党的十八大以来,我国经济持续以中高速稳步发展,国内生产总值年均增长一直远远高于世界平均增长率。城镇就业保持良好态势发展,失业率稳定在合理区间,居民消费不断提高,通胀率保持在合理区间,中国的经济一枝独秀放光芒。国家综合实力不断增强。中国的国内生产总值,多种工农业产品,外汇准备,高铁里程都处于世界首位,尤其是中国高铁已经成为中国的名片,人均国民总收入(GNI)显著上升。国际影响力大幅提升。中国经济对世界经济增长的平均贡献率居世界第一位。

2.创新驱动发展战略深入实施,新旧动能加快转换

党的十八大以来中国经济呈现发展新常态,创新驱动发展战略是我国

主动顺应世界新一轮科技革命，从容推动中国经济转型升级的必然选择。中国创新驱动发展战略在各领域持续深入推进。首先，加大对科技创新的支持力度，科技创新取得重大突破。党的十八大以来，我国对科技经费的投入持续增长，2016年比2012年增长52.2%，占国内生产总值的2.11%，高铁、航天、大飞机、射电等一批具有标志性意义的科技成果涌现。其次，大众创业、万众创新蔚然成风。党的十八大以来，"放管服"改革的持续深化为"双创"创造了更加便利的条件，大众创业、万众创新在各行各业竞相深入开展。市场主体以两位数年均增长，发明专利快速增长，双创理念深入人心。最后，发展迈向中高端水平。发展方式多元化，发展水平高端化。新动能、新经济、新行业和新职业不断涌现，与此同时，传统产业改造步伐加快。网上经济呈现多元化快速化发展，共享经济、平台经济、协同经济、分享经济等新模式纷纷亮相，线上线下融合、跨境电商、智慧家庭、智能交流等新业态方兴未艾。

3. 供给侧结构性改革扎实推进，转型升级步伐加快

党的十八大以来，供给侧结构性改革持续深入推进。高消耗产能产业，比如钢铁、煤炭等，去产能改革进展顺利，去产能目标超额完成任务。资产负债率环比下降，新兴产业领域的投资持续升温，尤其在生态环保、农业、水利、战略性新兴产业方面。粮食产量实现连续稳定增长，粮食产业布局更加合理化。第三产业快速发展，尤其是服务业已占国民经济半壁江山。消费成为经济增长主要驱动力，消费和投资比例关系趋于合理，经济总量中内需占大头。城乡关系、区域关系更加合理化，城乡发展、区域发展呈现新态势、新面貌。城镇常住人口已经超过总人口的半壁江山，城乡公共服务化水平显著提高，城乡差距继续缩小。"四大板块"发展布局战略新举措不断推出，区域协调布局更加合理化。

4. 节能环保力度不断加大，生态建设进一步加强

党的十八大以来，节约型社会、环保型社会战略持续推进。节能环保产品纷纷亮相，新能源、新材料研发取得显著成果，核电、水电、风电新动能产

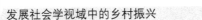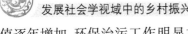

值逐年增加,环保治污工作明显加强,空气质量、海水质量等显著改善。生态环境治理成效显现,"两山论"深入人心。全国造林面积和水土流失治理面积实现双增长。城乡生活垃圾无害化处理和城市绿化率都有显著提升。

5. "引进来""走出去"并行扩大,对外开放水平持续提升

开放格局、开放模式呈多元化态势发展,由开放之初的"引进来"为主发展为"引进来"和"走出去"双轨道行驶。进出口贸易由初级的走"量"转为"质"的提升,货物贸易方式升级优化,进出口货物总额世界占比显著增加,新型行业服务出口增量发展。双向投资呈现新高度新水平。党的十八大以来,我国吸收外资的量和质都有所提高,尤其是吸收外资质量显著提高,高科技服务业外资的使用率明显增长。在"一带一路"大格局的推动下开放拓展新空间,呈现全方位发展。

6. 民生改善成效卓著,发展成果惠及全民

党的十八大以来,我们牢牢抓住"民生"这个牛鼻子,不断做大"蛋糕",满足人民群众对美好生活的向往,城乡居民生活水平不断提高。2016 年,全国居民人均可支配收入 23 821 元,比 2012 年增加 7311 元,年均实际增长 7.4%。城乡居民消费质量升级加快,全国居民恩格尔系数逐渐接近联合国划定的富足标准。交通、教育文化、医疗都有所改善和提升。人民共享改革发展的空间范围逐渐扩大,脱贫攻坚取得战略性胜利,农村贫困人口全部脱贫。社会保障体系建立健全。基本养老、城镇基本医疗、失业、工伤和生育保险参保人数都有显著增加;教育水平、教育质量和教育覆盖率都有很大提升;医疗卫生得到很大改善,居民平均预期寿命由 2010 年的 74.83 岁提高到 2015 年的 76.34 岁,婴儿死亡率由 2012 年的 10.3‰下降到 2016 年的 7.5‰,孕产妇死亡率由 24.5/10 万下降到 19.9/10 万。

二、发展新跨越:新时代强农惠农富农政策

党的十八大,一个新时代的开端。新的中央领导在高举"党的领导核心"旗帜的政治行动中,在对"三农"问题的极大关注下,提出了一系列强农

惠农富农的新政策。这些新政策更加突出了"三农"在国家战略中的基础性地位,形成了一个全党全社会都来关心农村发展的新环境。

1. 精准扶贫:"小康路上一个不能少"

四十多年的改革开放,从总体上讲,中国的农村发生了巨大的变化。这一巨大的变化真实地体现在农民的衣食住行及农村的公共环境等方面。在全部农村家庭实现小康生活目标的同时,解决了困扰中国数千年的贫困问题。全面建成小康社会不仅是质的方面的提高,还包含有量的规定,没有量的规定性的满足,谈不上质的飞跃。中国全面建成小康社会的重点在农村,难点是如何实现在全面建成小康的大道上,做到一个都不能少。正如党的十八大以来,习近平总书记多次指出的"小康不小康,关键看老乡"。怎样实现全体老乡的共同致富呢?党中央提出了"精准扶贫"。找到真正致贫的原因,对症下药,而不搞一刀切,最终实现在小康的路上一个都不少,实现既有质的内涵又有量的规定性内涵的共同富裕。

2. 聚焦农业现代化:农业强起来、农村美起来、农民富起来

自 2013 年起,中共中央又连续 6 年发布了 6 个聚焦"农业现代化"的一号文件。其间,党和政府统筹推进"五位一体"总体布局,协调推进"四个全面"战略布局,制定了《全国农业现代化规划(2016—2020 年)》《粮食行业"十三五"发展规划纲要》《全国农村经济发展"十三五"规划》等多个重大规划文件。2015 年中央一号文件强调,"中国要强,农业必须强。中国要富,农民必须富。中国要美,农村必须美"。2016 年中央一号文件提出"创新、协调、绿色、开放、共享"的新发展理念,2017 年中央一号文件明确把"深入推进农业供给侧结构性改革""加快培育农业农村发展新动能"作为农业农村工作的重点。进入新时代,我国社会主要矛盾已经转化为人民日益增长的美好生活需要和不平衡不充分的发展之间的矛盾,农村社会也发生了深刻的历史性变化。可以说,党的十九大提出实施乡村振兴战略的重大举措,是新

时代的要求,是中国共产党强农惠农富农政策发展的一次新跨越。①

三、筑牢发展物质根基:改革开放 40 年农民收入持续增长

(一)农民收入超常规增长阶段(1978—1984 年)

伴随着新中国的成立,20 世纪 50 年代中期的社会主义农业改造,不仅奠定了中国农村的集体经济制度,也改变了原有的以家庭为单位的耕作方式。持续 20 多年的集体化的农村生产方式,在 20 世纪 70 年代末被安徽小岗村农民的"大包干"所打破。安徽小岗村的"大包干"行动点燃了中国农村改革的火炬,中国乡村原有的经营方式逐渐被家庭联产承包责任制所替代。随着家庭联产承包责任制在全国的推行,农村多种经营方式得以在全国发展。如果说农村经营方式的改变使农民的温饱问题逐渐得以解决,那么实行家庭联产承包责任制后,乡镇企业的快速崛起为乡村农民收入的增长打开了开阔的大门,催生了该时期农村农民收入超常规的增长。

需要指出的这一阶段的超常规增长是建立在比较低的经济发展水平的基础上的。从整个中国经济制度安排看,中国农村经济制度的安排仍然是以服务于城市,服务于工业化为根本的。在交给国家的,留足集体的,剩下是自己的"三马分肥"的体制中,农民仍然是不能掌控自己劳动产品的弱势群体。脱离农业户口,吃商品粮是父辈对儿女的期望,"跳农门"也成为农村学生的基本追求,"去农化"成为一代代中国农民共同奋斗的目标。

(二)农民收入增长缓慢阶段(1985—1988 年)

这三年是我国农产品统购统销制度改革与农村产业结构快速变动的时期。相应地,这一时期由于仓储和农产品的流通渠道没有准备好,农产品总量供大于求,国内农产品在 1985 年出现了结构性过剩,新中国成立以来第一

---

① 魏宪朝,刘焕申.中国共产党强农惠农富农政策发展的三次飞跃——纪念中国农村改革 40 周年[J].中州学刊,2018(6):35-40.

次出现局部地区"卖粮难"。这就是低水平的阶段性、局部性农产品过剩。对此，领导产生了一些错觉，以为国内农产品生产已经过关，加上农产品收购价格在前一阶段的持续高位运行，使得粮油等大宗农产品的财政补贴成为仅次于财政对国营工业企业的亏损补贴，在财政实力本身较弱的情况下，自然就迫不及待想要摆脱这一巨大包袱。再加上农产品生产局部地区过剩的错觉，于是政府就决定取消农产品统派统购制度，开始了真正意义上的中国第一次粮食流通体制改革。结束了已经实行了31年的农产品统购派购制度，从而逐步建立起了政府调控下的农产品市场流通体制。由于是合同订购，事实上农产品的价格降低了，同时，原有的农业生产资料补贴又被取消，农民种粮收益和成本的一降一增，严重挫伤了农民从事农业生产的积极性，于是，理性的农民就缩减了粮食种植面积，降低了粮食种植耕地的投入。①

（三）农民收入增长停滞阶段（1989—1991年）

合同订购制度使农民处于一个不利的地位，化肥农药等农业的投入在持续不断地增加。与此同时农产品的合同价格偏低，农民增长不增收，农民卖粮的渠道被国家计划合同经济所掌控，农民"卖粮难"成为中国农村各地的普遍现象。再加上工农产品的价格剪刀差，更加降低了农产品比较价格偏低，极大地挫伤了农民经营农业的积极性。在这期间，农产品的供求矛盾由原来的农产品长期供求短缺，转变为供求质量不对称的有效需求矛盾。尽管这期间国家的涉农投入率仍保持二位数的增长，但主要农产品的国家订购价格仍低于市场价格，流通不畅的农产品导致了农民的"卖粮难"。农业价格的偏低，"卖粮难"使广大农民对非农业收入的依赖性不断增大，但是这个时期国家"压乡办企业，促全民企业"的宏观调控导致了乡镇企业生存环境的恶化，扼杀了乡镇企业的发展势头，挤压了农民非农业收入的份额，使农民的非农业收入出现了负增长。

---

① 温涛,何茜,王煜宇.改革开放40年中国农民收入增长的总体格局与未来展望〔J〕.西南大学学报(社会科学版),2018(7):43-55.

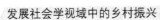

（四）农民收入增长恢复阶段（1992—1996 年）

1992 年春,邓小平视察我国南方一些地区,并发表了重要的南方谈话。随后中共十四大胜利召开,明确提出了建立社会主义市场经济体制目标。该阶段作为我国建立市场经济体制的起步阶段,改革的红利得到极大释放,因此,国民经济发展速度实现了改革开放以来的新高,GDP 的实际年平均增长率高达 11.89%。与此同时,随着改革红利的进一步释放,农民收入的增速也得到了有力回升,一举改变了前两个阶段增长缓慢和停滞的状态。农民收入名义值由 783.90 元增加到 1926.07 元,短短五年的时间内扩大了 2.46倍,农民收入名义值的年平均增速高达 22.39%。不过,由于经济的过热,该阶段的通货膨胀率达到了 14.12%,因此,扣除物价因素后的农民收入年平均实际增长率只有 7.90%。其中,除了 1993 年的实际增长率只有 3.42%外,其他年的实际增长率均超过了 5%,且 1996 年的实际增长率达到了 13.12%,成为 1983 年以来的历史新高。①

（五）农民收入增长持续下降阶段（1997—2000 年）

20 世纪的后三年是我国农业制度法律地位确立的重要时期。这一期间相关农业农村农民的基本制度得以法律化,比如,《农村土地承包法》正是在这一时期得以立法。尽管这一时期国家从法律层面着手保护农民的合法利益,但是这一时期农民的实际收入比前一阶段下滑趋势更大。这一持续下滑的趋势说明了农民利益的受挫不仅仅是单纯的农业自身问题,而与整个中国的发展状况紧紧地捆绑在一起。究其原因是多方面的,但主要有这样两个方面。一是与改革之初相比,农业收入在农民收入贡献占比持续下降。这时期农产品的供给矛盾已经由有效供需矛盾转向为供大于求的矛盾,加之增产不增收和减产又减少的矛盾共存。二是农产品流通体制的改革没有

---

① 温涛,何茜,王煜宇.改革开放 40 年中国农民收入增长的总体格局与未来展望 [J].西南大学学报(社会科学版),2018(7):43-55.

从根本上疏通这时期的农副产品的流通管道,农副产品的难卖问题又再次凸显。

（六）农民收入增长重新恢复阶段（2001—2003 年）

新世纪以来,我国农业生产和经营遭受到了极大考验,2001 年粮食产量在 2000 年下降 9.09% 的基础之上再次下降了 2.06%,虽然 2003 年有微弱的回升趋势。2003 年 10 月 14 日,党的十六届三中全会明确提出,要依法保障农民对土地承包经营的各项权利。但是,仍然未能挽回粮食产量进一步下降的局面。2003 年的粮食产量下滑到了历史新低的 43 069.53 万吨,比上年减产 5.77%,甚至低于 12 年前的水平。虽然该时期的粮食产量一路下滑,并且农业生产也受到了极为严峻的考验,但是农民收入进一步下滑局面却得到了有效抑制,该阶段农民收入名义值由 2366.4 元增加到了 2622.24 元,年平均实际增长率为 4.48%,其中,2001 年的农民收入实际增长率达到了 4.17%,扭转了自 1997 年以来农民收入增速连续 4 年下滑的不利局面。2002 年和 2003 年的实际增长率分别达到了 5.03% 和 4.26%,农民收入也因此重新进入了增长恢复期。[①]

（七）农民收入"十六连增"阶段（2004—2019 年）

农民收入的持续下降,极大地影响了农民生产的积极性。农业、农村、农民"三农"问题不仅受到了理论界的广泛关注和探讨,而且日益受到党中央的高度关注。"三农"问题严重制约着整个国民经济的发展,不利于中国大局的稳定。把"三农"问题放在党和国家事业的更加重要的地位已经成中国上层的共识。这一共识的价值不亚于改革之初党的高层对"家庭承包制"的认可。中国经济改革的重心再次拉回到农村。这一时期连续出台的 15 个中央一号文件,都是掷地有声,带给农村的不仅仅是真金白银,更是强大的

---

① 温涛,何茜,王煜宇.改革开放 40 年中国农民收入增长的总体格局与未来展望[J].西南大学学报(社会科学版),2018(7):43–55.

精神层面的鼓舞。"农民增收"成为这 15 年中央高层思考最多最深刻的问题。这 15 年不仅使农民彻底摆脱了收入持续下降的困境,赢得了农民收入的又一新高潮,而且使农民彻底摆脱了贫困的命运,全部走上了小康之路。农民收入渠道增速,非农业收入在农民收入中的占比越来越高,城乡差距极度缩小,农业户口成为香饽饽。这些转变与党对农村政策的大力支持是分不开的。党的十九大报告指出:"促进农民工多渠道就业创业,完善按要素分配的体制机制,促进收入分配更合理、更有序,拓宽居民劳动收入和财产性收入渠道,缩小收入分配差距。"①

---

① 习近平.决胜全面建成小康社会 夺取新时代中国特色社会主义伟大胜利[N].人民日报,2017-10-28.

参考文献

[1]马克思恩格斯文集(第1-10卷)[M].北京:人民出版社,2009.

[2]列宁选集.第2卷[M].北京:人民出版社,1995.

[3]毛泽东文集.第3卷[M].北京:人民出版社,1996.

[4]邓小平文选.第二卷[M].北京:人民出版社,1994.

[5]邓小平文选.第三卷[M].北京:人民出版社,1993.

[6]江泽民文选.第一卷[M].北京:人民出版社,2006.

[7]习近平谈治国理政(第二卷)[M].北京:外文出版社,2017.

[8]习近平谈治国理政(第三卷)[M].北京:外文出版社,2020.

[9]中共中央文献研究室.十八大以来重要文献选编.上[M].北京:中央文献出版社,2014.

[10]中共中央文献研究室.十八大以来重要文献选编.中[M].北京:中央文献出版社,2016.

[11]国家林业局,中共中央文献研究室.毛泽东论林业[M].北京:中央文献出版社,2003.

[12]国家环境保护总局,中共中央文献研究室编.新时期环境保护重要文献选编[M].北京:中央文献出版社,2001.

[13]中华人民共和国农业农村部.中国乡村振兴发展报告[M].北京:中国农业出版社,2020.

[14]贺雪峰.乡村治理的社会基础[M].生活·读书·新知三联书店,2020.

[15]周少来.党政统合与乡村治理[M].北京:中国社会科学出版社,2020.

[16]马欣.乡村治理与乡村振兴研究[M].北京:现代出版社,2020.

[17]岑大明.乡村振兴战略与路径[M].昆明:云南人民出版社,2020.

[18]九溪翁,王龙泉.再崛起:中国乡村农业发展道路与方向[M].北京:企业管理出版社,2015.

[19]陈锡文,赵阳,陈剑波,等.中国农村制度变迁60年[M].北京:人民出版社,2009.

[20]王布衣.震惊世界的广西农民——广西农民的创举与中国村民自治[M].南宁:广西人民出版社,2008.

[21]曾建平.环境公正:中国视角[M].北京:社会科学文献出版社,2013.

[22]赵树凯.农民的政治[M].北京:商务印书馆,2011.

[23]林毅夫.制度、技术与中国农业发展[M].上海:上海人民出版社,2014.

[24]陈庆立.中国农民素质论[M].北京:当代世界出版社,2002.

[25]中华人民共和国科学技术部.国外支持农业科技创新的典型做法与经验借鉴[M].北京:科学技术文献出版社,2006.

[26]邓玉林,彭燕.中国农民培训模式与策略[M].北京:中国环境科学出版社,2011.

[27]宋国恺.从身份农民到职业农民[M].北京:中国社会出版社,2010.

[28]郑伯坤.城市化与都市农业背景下的农民终身职业教育研究[M].北京:中国农业大学出版社,2009.

[29]曲延春,李齐.农村社会管理体制创新研究[M].济南:山东人民出版社,2014.

[30]马云.新中国农村扫盲教育研究[M].上海:上海教育出版社,2014.

[31]叶海涛.绿之魅:作为政治哲学的生态学[M].北京:社会科学文献出版社,2015.

[32]朱仁显.传承与变革——从君主民本到民主宪政[M].北京:中国社会科学出版社,2012.

[33]李怀印.乡村中国纪实:集体化和改革的微观历程[M].北京:法律出版社,2010.

[34]黄宗智.中国的隐形农业革命[M].北京:法律出版社,2010.

[35]李侃如.治理中国:从革命到改革[M].胡国成,赵梅,译.北京:中国社会科学出版社,2010.

[36]德·希·珀金斯.中国农业的发展:1368-1968年[M].宋海文,等译.上海:上海译文出版社,1984.

[37]黄宗智.中国农业的过密化与现代化:规范认识危机及出路[M].上海:上海社会科学院出版社,1992.

[38]朴振焕.韩国新村运动:20世纪70年代韩国农村现代化之路[M].潘伟光,郑靖吉,魏蔚,等译.北京:中国农业出版社,2005.

[39]速水佑次郎,弗农·拉坦.农业发展的国际分析[M].郭熙保,张进铭,等译.北京:中国社会科学出版社,2000.

[40]施坚雅.中国农村的市场和社会结构[M].北京:中国社会科学出版社,1998.

[41]安德鲁·韦伯斯特.发展社会学[M].北京:华夏出版社,1987.

[42]Xue J D. Chinese farm economy[M]. Pub. for the University of Nanking and the China Council of the Institute of Pacific Relations,1930.

[43]Buck J L. Three essays on Chinese farm economy[M]. Garland Pub,1980.

[44]Miller F P , Vandome A F , Mcbrewster J , et al. Battle of the Chinese Farm[M]. Alphascript Publishing,2010.

[45]Day AF. The Peasant in Postsocialist China[M]. Cambridge University Press,2013.